I0566710

BESTACTIVITYBOOKS.COM

Copyright © 2022 LINGUAS CLASSICS

PREMIERE ÉDITION

Dépôt légal, 2022

Illustration Graphique Extra: www.freepik.com
Merci à Alekksall, Starline, Pch.vector, Rawpixel.com, Vectorpocket, Dgim-studio, Upklyak, Macrovector, Stockgiu, Pikisuperstar & Freepik.com Designers

Découvrez des Jeux Gratuits en Ligne

Disponible Ici :

BestActivityBooks.com/FREEGAMES

5 ASTUCES POUR DÉMARRER !

1) COMMENT RÉSOUDRE LES MOTS MÊLÉS

Les puzzles sont dans un format classique :

- Les mots sont cachés sans espaces, tirets, ...
- Orientation : Les mots peuvent être écrits en avant, en arrière, vers le haut, vers le bas ou en diagonale (ils peuvent être inversés).
- Les mots peuvent se chevaucher ou se croiser.

2) UN APPRENTISSAGE ACTIF

Un espace est prévu à côté de chaque mots pour noter la traduction. Pour favoriser un apprentissage actif un **DICTIONNAIRE** à la fin de cette édition vous permettra de vérifier et étendre vos connaissances. Cherchez et notez les traductions, trouvez-les dans le Puzzle et ajoutez-les à votre vocabulaire !

3) MARQUEZ LES MOTS

Vous pouvez inventer votre propre système de marquage. Peut-être en utilisez-vous déjà un ? Sinon, vous pourriez, par exemple, marquer les mots qui ont été difficiles à trouver d'une croix, ceux que vous avez aimés d'une étoile, les mots nouveaux d'un triangle, les mots rares d'un diamant, etc...

4) STRUCTUREZ VOTRE APPRENTISSAGE

Cette édition vous offre un **CARNET DE NOTES** très pratique à la fin du livre. En vacances ou en voyage ou à la maison, vous pouvez facilement organiser vos nouvelles connaissances sans avoir besoin d'un second bloc-notes !

5) VOUS AVEZ FINI TOUTES LES GRILLES ?

Allez à la section bonus **CHALLENGE FINAL** pour trouver un jeu gratuit à la fin de cette édition !

Simple et Rapide ! Découvrez notre collection de livres d'activités pour votre prochain moment de détente et **d'apprentissage**, à juste un clic de distance !

Trouvez votre prochain défi sur :

BestActivityBooks.com/MonProchainLivre

À vos marques, prêts... Partez !

Saviez-vous qu'il existe environ 7 000 langues différentes dans le monde ? Les mots sont précieux.

Nous aimons les langues et avons travaillé dur pour créer les livres de la plus haute qualité pour vous. Nos ingrédients ?

Une sélection des thématiques d'apprentissage adaptée, trois belles parts de divertissement, puis nous ajoutons une cuillère de mots difficiles et une pincée de mots rares. Nous les servons avec soin et un maximum de plaisir pour vous permettre de résoudre les meilleurs jeux de mots mêlés qui soient et d'apprendre en vous amusant !

Votre avis est essentiel. Vous pouvez participer activement au succès de ce livre en nous laissant un commentaire. Nous aimerions vraiment savoir ce que vous avez préféré dans cette édition !

Voici un lien rapide qui vous mènera à la page d'évaluation de vos commandes :

BestBooksActivity.com/Avis50

Merci pour votre aide et amusez-vous bien !

De la part de toute l'équipe

1 - Adjectifs #2

暇	戏	织	松	远	游	益	法	游	钓	趣	露	放	纫
舞	剧	法	放	戏	游	游	图	干	鱼	影	远	负	品
的	性	述	描	新	露	鱼	工	戏	骄	傲	创	责	益
动	能	健	潜	的	咸	园	园	技	露	猎	技	意	天
阅	猎	康	鱼	名	棒	球	足	活	术	游	足	针	才
魔	技	织	远	著	益	棒	术	艺	影	戏	戏	自	钓
荒	正	技	舞	缝	纯	露	针	暇	狩	暇	狩	能	织
野	宗	画	术	针	足	阅	击	艺	品	潜	松	然	有
强	优	篮	舞	狩	拼	棒	益	击	球	缝	法	图	趣
大	陶	雅	生	产	力	动	露	阅	绘	拳	益	缝	动
击	击	艺	强	狩	球	针	潜	法	艺	品	针	瓷	缝
魔	猎	球	活	益	猎	画	营	利	画	画	篮	术	棒
利	园	活	益	跳	放	跳	纫	术	松	能	针	钓	阅
棒	纫	放	远	利	趣	摄	乐	艺	图	瓷	画	能	阅

正宗　　　　　　　　有趣
著名的　　　　　　　自然
创意　　　　　　　　新的
描述性的　　　　　　生产力
天才　　　　　　　　强大
戏剧性　　　　　　　负责
优雅　　　　　　　　健康
骄傲　　　　　　　　荒野

2 - Formes

利猎工纫棱镜读拼游品鱼园舞品
能足活松技法暇拳魔趣足术潜击
营益绘魔松放织品绘能足纫棒拼
工足趣足双艺画松瓷陶利瓷边圈
乐能潜陶放曲动立鱼技松影能缘
影读绘针图图线方缝品益动趣纫
技品活广活读利体跳拳远工猎工
棒织营场缝纫陶潜瓷营游读球纫
图棒陶园球角圆筒曲潜陶潜露品
篮放动法利画落趣线魔织远金利
绘舞弧影活足足动法放绘针字陶
跳动法瓷趣利艺戏工能园艺塔动
缝绘摄绘益椭圆形松鱼画猎艺拼
织园多边形绘椭矩锥体三角形乐

边缘	双曲线
广场	椭圆形
角落	多边形
曲线	棱镜
锥体	金字塔
立方体	矩形
圆筒	三角形
椭圆	

3 - Force et Gravité

击	影	球	压	陶	画	园	园	能	乐	磁	性	松	跳
放	响	陶	力	中	营	发	轨	道	暇	扩	张	球	利
潜	球	游	园	央	能	现	狩	法	拼	阅	棒	拳	摄
术	猎	纫	力	学	阅	远	益	影	术	摄	足	营	游
猎	乐	技	速	猎	乐	篮	能	绘	纫	图	摄	球	击
击	戏	影	度	猎	时	益	术	利	狩	放	猎	猎	猎
动	放	趣	棒	动	间	技	趣	能	游	舞	法	艺	艺
动	缝	动	利	缝	跳	缝	球	普	球	放	狩	狩	艺
潜	暇	品	织	趣	棒	工	棒	针	的	摄	品	舞	舞
趣	缝	能	拳	露	击	露	营	陶	活	猎	营	猎	猎
击	动	运	织	绘	摄	织	戏	理	物	棒	法	拼	拼
品	量	舞	瓷	松	远	陶	重	工	态	轴	针	影	技
放	活	足	能	能	缝	园	营	量	距	离	行	星	球
摩	擦	游	松	猎	游	篮	趣	远	能	法	戏	缝	阅

中央
发现
距离
动态
扩张
动量
摩擦
影响
磁性
力学

运动
轨道
物理
行星
重量
压力
时间
普遍的
速度

4 - Adjectifs #1

拼 能 园 有 猎 营 活 相 同 织 织 暇 影 瓷
篮 钓 足 雄 魔 影 击 放 击 暇 影 绘 动 织
巨 纫 活 心 阅 术 能 完 舞 乐 篮 猎 陶 薄
大 击 织 猎 乐 益 年 美 法 绘 球 术 瓷 放
的 辜 无 技 趣 园 游 轻 针 针 重 利 益 拳
术 慷 摄 工 纫 技 吸 重 要 的 画 露 园 摄
艺 慨 乐 戏 击 有 品 引 法 现 工 美 猎 露
舞 远 园 针 拳 帮 阅 图 力 球 代 丽 异 读
潜 狩 猎 影 猎 助 放 钓 暇 针 魔 能 国 趣
绘 露 猎 舞 拳 游 画 艺 芳 香 画 戏 情 魔
篮 钓 鱼 绝 对 瓷 诚 实 陶 潜 活 术 调 针
棒 瓷 摄 拼 篮 潜 鱼 法 放 图 陶 乐 法 利
趣 戏 篮 鱼 潜 慢 益 瓷 松 艺 阅 能 织 猎
艺 趣 艺 暇 针 乐 利 放 针 织 读 戏 击 动

绝对	诚实
有雄心	相同
芳香	重要的
艺术的	无辜的
吸引力	年轻
美丽	现代
异国情调	完美
巨大的	有帮助
慷慨	

5 - Instruments de Musique

竖	琴	喇	巴	品	鱼	动	法	远	营	活	营	马	猎
品	卓	叭	松	营	球	棒	阅	魔	趣	艺	画	林	工
品	班	画	管	缝	益	活	益	活	足	暇	园	巴	织
艺	趣	松	篮	鼓	打	击	乐	器	画	摄	乐	技	猎
绘	露	益	法	铃	跳	笛	长	大	提	琴	术	艺	远
术	阅	曼	小	提	琴	击	号	绘	足	陶	工	露	猎
纫	活	陶	陀	锣	钢	园	阅	魔	松	球	动	利	艺
击	艺	篮	活	林	园	跳	摄	瓷	工	游	钓	艺	口
戏	图	双	暇	园	缝	足	篮	纫	画	趣	棒	跳	松	琴
乐	读	营	簧	技	绘	拼	影	品	针	活	狩	阅	缝
拳	钓	艺	暇	管	簧	单	活	球	工	摄	能	纫	影
舞	读	益	潜	斯	钓	技	魔	营	击	吉	他	艺	猎
摄	瓷	放	画	克	针	趣	露	图	游	园	松	活	猎
阅	趣	营	乐	萨	击	露	跳	松	篮	织	影	纫	鱼

班卓琴	马林巴
巴松管	打击乐器
单簧管	钢琴
长笛	萨克斯管
吉他	铃鼓
口琴	长号
竖琴	喇叭
双簧管	小提琴
曼陀林	大提琴

6 - Échecs

足	黑	营	图	舞	规	露	瓷	球	利	摄	远	瓷	品
读	色	篮	艺	织	则	能	趣	摄	品	魔	画	鱼	鱼
阅	白	趣	缝	绘	拼	绘	术	游	足	冠	击	营	瓷
影	陶	猎	乐	潜	纫	舞	跳	戏	织	营	军	影	图
牺	牲	艺	艺	园	露	暇	园	影	球	松	纫	女	针
暇	王	利	园	足	放	露	织	松	舞	拼	纫	绘	王
猎	针	动	摄	狩	戏	对	点	猎	缝	品	陶	拳	乐
利	足	魔	狩	聪	明	动	手	足	品	对	角	线	远
纫	趣	棒	舞	拼	针	织	艺	潜	利	动	远	远	摄
篮	摄	针	阅	鱼	影	猎	戏	被	游	利	织	织	拼
篮	猎	时	绘	瓷	读	能	动	战	战	暇	织	比	读
读	绘	间	播	放	器	技	球	略	挑	鱼	缝	比	赛
棒	图	篮	园	纫	益	球	球	远	瓷	绘	拳	缝	猎
暇	放	潜	法	陶	摄	棒	绘	绘	法	术	术	跳	露

对手
白色
冠军
挑战
对角线
聪明
游戏
播放器

黑色
被动
女王
规则
牺牲
战略
时间
比赛

7 - Herboristerie

成 分 瓷 钓 棒 织 猎 马 利 艺 棒 香 菜 纫
拼 纫 足 戏 拳 织 缝 郁 放 戏 乐 茴 针 营
艺 放 大 薰 衣 草 瓷 兰 拳 园 篮 活 纫 乐
质 品 蒜 针 狩 游 技 活 松 花 红 藏 足 暇
量 活 绿 潜 拼 游 篮 工 阅 松 芳 香 里 百
拳 拼 色 动 松 动 陶 游 魔 棒 味 道 龙 蒿 鱼
拳 织 缝 法 织 猎 远 鱼 趣 钓 益 陶 针 拳
阅 针 游 戏 趣 缝 缝 罗 舞 影 利 潜 游 潜
露 影 营 品 能 狩 摄 勒 露 戏 画 拳 绘 摄
远 动 戏 球 游 术 舞 陶 营 摄 技 潜 术 瓷
针 放 能 迷 迭 香 狩 法 舞 利 戏 烹 乐 画
薄 荷 露 摄 阅 术 棒 利 棒 园 读 营 饪 针
松 球 阅 工 瓷 露 棒 潜 活 鱼 跳 潜 游 工
园 益 跳 有 益 的 益 足 品 露 猎 读 能 图

大蒜	马郁兰
芳香	薄荷
罗勒	香菜
有益的	质量
烹饪	迷迭香
龙蒿	藏红花
茴香	味道
成分	百里香
花园	绿色
薰衣草	

8 - Photographie

足活艺戏读肖针术针技放纫能格
阴影动艺园法像阅颜能照相机式
乐针球艺对象放针色组成舞画篮
远戏读球棒灯趣棒瓷技狩瓷拼暇
园远松狩陶光足缝品趣工乐术阅
纫猎舞鱼图对营品魔绘艺陶技球
舞艺动暇艺比摄品工画狩软狩
狩术松框架松拼陶展览动跳化
能魔球画拼动魔击放定拼绘品
艺质地透趣工品击动图义画拼纫
技的觉视术远魔放棒击潜缝读
足趣黑工球暇画拼猎猎阅技跳
阅工色乐暇跳露拼远跳黑暗主图
营阅足技瓷钓术舞拼放针纫潜题

软化　　　　黑色
框架　　　　对象
照相机　　　黑暗
组成　　　　阴影
对比　　　　透视
颜色　　　　肖像
定义　　　　主题
展览　　　　质地
灯光　　　　视觉的
格式

9 - Véhicules

击	能	击	篮	松	跳	露	滑	益	狩	针	针	趣	纫
狩	游	跳	篮	露	品	舞	板	瓷	法	露	图	放	读
技	露	篮	球	能	潜	篮	车	行	自	拖	拉	机	活
能	棒	拼	篮	拼	放	品	火	放	拼	渡	击	飞	魔
救	拳	露	游	画	营	远	针	魔	筏	轮	绘	绘	益
纫	护	游	马	轮	胎	品	露	狩	活	暇	针	影	针
阅	缝	车	达	魔	猎	魔	潜	猎	利	露	狩	术	营
品	卡	租	纫	拼	绘	暇	术	摄	猎	船	暇	猎	针
利	车	出	营	猎	放	乐	猎	品	鱼	舞	足	露	鱼
鱼	汽	放	跳	绘	远	潜	艇	营	陶	魔	跳	画	读
瓷	狩	狩	纫	魔	影	能	钓	击	远	足	陶	园	瓷
大	钓	直	升	机	放	活	棒	瓷	趣	读	工	画	益
纫	篷	戏	远	游	园	火	箭	地	猎	术	游	能	足
戏	猎	车	鱼	画	总	线	趣	铁	趣	狩	工	陶	球

救护车	马达
飞机	轮胎
总线	滑板车
卡车	潜艇
大篷车	出租车
渡轮	拖拉机
火箭	火车
直升机	自行车
地铁	汽车

10 - Camping

击	缝	摄	大	法	阅	魔	足	缝	舱	阅	猎	暇	能
棒	拳	针	拼	自	活	法	针	法	冒	鱼	益	画	术
摄	能	球	利	游	然	球	艺	足	动	险	品	织	湖
暇	阅	陶	松	营	影	利	绘	摄	月	术	游	动	园
纫	潜	森	魔	游	纫	活	动	法	亮	钓	罗	昆	阅
篮	能	林	摄	篮	法	缝	地	钓	艺	技	盘	读	虫
织	拳	拳	球	狩	猎	松	图	火	狩	球	技	棒	击
潜	远	技	帐	影	影	游	利	棒	灯	笼	法	动	艺
拳	游	潜	篷	动	物	艺	球	暇	拼	棒	松	吊	足
读	针	戏	绳	子	能	帽	设	能	露	摄	床	魔	
益	陶	跳	乐	鱼	读	子	影	动	独	远	鱼	猎	
足	影	纫	画	法	图	拳	放	能	棒	木	鱼	拳	工
影	鱼	术	法	放	放	钓	纫	狩	陶	舟	篮	拳	园
动	游	绘	术	魔	足	乐	狩	活	山	工	趣	阅	园

动物　　　　　　　　　设备
冒险　　　　　　　　　森林
罗盘　　　　　　　　　吊床
独木舟　　　　　　　　昆虫
地图　　　　　　　　　灯笼
帽子　　　　　　　　　月亮
狩猎　　　　　　　　　大自然
绳子　　　　　　　　　帐篷

11 - Géométrie

远	潜	陶	工	魔	戏	潜	曲	垂	直	益	能	篮	拼
鱼	影	针	园	摄	露	游	乐	线	鱼	放	技	术	放
缝	击	直	游	影	逻	辑	计	算	摄	棒	高	术	足
跳	动	径	舞	足	松	钓	工	读	画	阅	度	利	放
织	球	趣	术	趣	舞	狩	尺	表	方	程	角	营	针
法	纫	暇	瓷	足	足	平	行	寸	面	绘	活	猎	技
拳	营	理	论	远	露	画	钓	击	段	技	纫	艺	球
拼	露	益	工	游	术	园	猎	拳	猎	比	魔	缝	棒
拼	钓	阅	钓	利	棒	画	读	圈	跳	例	术	针	拼
艺	能	营	趣	图	狩	画	球	绘	能	松	营	潜	营
暇	三	角	形	钓	影	益	针	针	游	益	猎	足	魔
概	率	读	益	中	球	对	画	跳	织	品	击	针	工
活	钓	放	游	位	质	称	活	拳	棒	足	技	针	乐
鱼	足	利	足	数	量	瓷	松	益	活	猎	读	织	阅

角度
计算
曲线
直径
尺寸
方程
高度
逻辑
质量

中位数
平行
垂直
概率
比例
表面
对称
理论
三角形

12 - Les Médias

工	业	教	育	照	版	本	棒	松	拼	能	艺	事	游
棒	个	人	猎	拳	片	地	读	利	工	跳	放	实	网
艺	瓷	图	法	影	舞	陶	摄	织	瓷	阅	鱼	针	上
舞	魔	法	乐	戏	画	纫	露	钓	乐	钓	狩	意	见
露	杂	志	电	视	益	织	魔	活	钓	暇	猎	沟	通
图	击	鱼	缝	拳	益	艺	利	资	园	园	绘	工	棒
纫	图	术	利	瓷	瓷	画	狩	图	金	篮	织	织	艺
绘	松	影	营	针	棒	图	舞	术	放	钓	游	读	拼
术	益	猎	放	篮	陶	像	陶	网	收	音	机	暇	鱼
放	影	陶	球	瓷	篮	活	态	络	潜	露	缝	远	缝
数	术	狩	缝	钓	能	拼	度	球	活	露	针	摄	拼
字	益	鱼	工	报	击	拳	潜	猎	露	拼	园	动	活
潜	绘	松	戏	术	纸	知	狩	分	子	松	跳	暇	利
术	活	营	摄	魔	陶	益	品	织	跳	戏	活	利	织

态 度	报 纸
沟 通	本 地
网 上	杂 志
教 育	数 字
事 实	意 见
资 金	照 片
图 像	收 音 机
个 人	网 络
工 业	电 视
知 识 分 子	

13 - Diplomatie

击	能	大	跳	工	画	读	能	球	法	政	治	鱼	利
安	放	趣	使	织	乐	纫	游	篮	法	钓	戏	鱼	足
全	陶	松	乐	馆	图	活	暇	读	图	篮	读	远	画
读	拼	棒	绘	瓷	拼	远	击	画	顾	问	露	潜	利
绘	猎	远	术	远	跳	跳	艺	阅	暇	陶	狩	篮	露
技	利	纫	绘	织	活	远	球	球	政	条	约	工	猎
猎	利	绘	拳	游	松	动	直	伦	府	社	缝	钓	工
人	道	主	义	决	议	影	正	理	品	区	能	足	放
绘	品	能	钓	画	法	影	露	义	技	大	球	品	解
活	摄	公	击	陶	趣	暇	跳	暇	拳	使	松	乐	决
跳	针	民	阅	冲	突	营	画	暇	球	钓	鱼	拳	方
跳	讨	论	读	织	艺	露	图	画	国	能	缝	狩	案
合	作	读	露	瓷	放	针	纫	艺	织	外	工	潜	狩
利	潜	球	潜	利	魔	魔	拳	球	艺	交	影	拼	舞

14 - Électricité

放	阅	法	视	园	法	动	利	球	品	松	棒	足	棒
艺	露	露	电	针	跳	猎	放	棒	摄	品	话	电	园
纫	露	游	工	猎	艺	插	座	艺	拼	放	电	线	数
网	络	摄	乐	益	露	拳	积	极	的	电	缆	球	量
缝	画	技	发	电	机	拼	利	的	戏	池	磁	铁	足
活	暇	能	益	读	狩	能	术	影	品	绘	钓	魔	暇
放	活	设	松	动	瓷	灯	艺	放	鱼	读	活	陶	法
猎	技	球	备	舞	品	图	泡	活	针	动	缝	绘	读
利	园	棒	读	动	游	暇	读	对	利	园	纫	技	球
狩	狩	艺	摄	放	松	技	远	象	舞	击	动	击	猎
潜	术	舞	营	针	击	针	露	乐	缝	鱼	动	钓	织
魔	狩	工	陶	活	激	光	陶	园	纫	园	术	能	游
动	阅	灯	猎	跳	否	足	术	松	乐	游	乐	魔	足
能	能	狩	能	读	摄	棒	画	法	园	远	击	陶	术

磁铁
灯泡
电池
电缆
电工
设备
电线
发电机

激光
对象
积极的
插座
数量
网络
电话
电视

15 - Astronomie

活	辐	缝	营	绘	魔	鱼	暇	纫	座	星	行	舞	小
暇	射	远	球	品	织	读	露	球	地	系	园	动	行
露	潜	活	暇	益	利	能	活	工	球	卫	宇	拳	星
暇	跳	画	术	狩	画	瓷	空	阅	乐	星	宙	暇	篮
针	宇	工	春	击	超	摄	天	月	亮	园	击	狩	露
猎	棒	航	远	分	新	露	松	文	天	文	学	家	艺
露	潜	火	员	云	星	趣	趣	艺	台	拼	鱼	狩	能
阅	戏	箭	放	动	流	纫	棒	影	足	戏	纫	瓷	摄
能	露	棒	瓷	益	织	拳	读	营	品	工	纫	阅	园
太	阳	的	摄	纫	露	暇	技	图	陶	游	鱼	园	画
篮	画	艺	松	法	露	鱼	趣	画	跳	拳	利	绘	阅
跳	园	乐	松	绘	品	篮	园	暇	园	缝	戏	缝	击
益	魔	摄	缝	摄	法	暇	球	缝	蚀	拳	绘	工	棒
品	艺	瓷	乐	利	魔	缝	趣	猎	针	暇	阅	工	乐

小行星	星云
宇航员	天文台
天文学家	行星
天空	辐射
星座	卫星
春分	太阳的
火箭	超新星
星系	地球
月亮	宇宙
流星	

16 - Physique

化 学 的 露 品 品 读 术 拼 分 利 益 放 魔
乐 画 遍 织 钓 缝 气 钓 猎 子 暇 魔 图 能
游 篮 普 品 缝 相 体 法 营 狩 原 放 松 趣
潜 活 乐 球 棒 对 钓 摄 拳 读 子 频 率 织
力 重 露 能 读 论 粒 子 图 营 子 远 画 公
学 游 狩 乐 读 篮 图 缝 鱼 活 篮 足 核 式
摄 露 拼 潜 术 乐 绘 能 磁 园 球 潜 缝 绘
缝 钓 缝 电 子 利 跳 猎 性 织 读 引 缝 密
暇 猎 质 速 度 动 游 营 工 乐 钓 擎 拼 度
拼 摄 量 工 益 狩 能 术 工 钓 动 棒 术 鱼
游 摄 陶 拳 阅 棒 狩 营 加 乐 技 舞 拳 趣
跳 影 能 狩 暇 混 球 跳 速 游 松 工 纫 篮
纫 益 画 园 钓 击 乱 钓 度 图 瓷 引 纫 缝
园 狩 露 放 绘 影 能 阅 鱼 品 跳 鱼 动 缝

加速度
原子
混乱
化学的
密度
电子
公式
频率
气体
重力

磁性
质量
力学
分子
引擎
粒子
相对论
普遍的
速度

17 - Types de Cheveux

远 法 技 摄 拳 图 编 织 光 滑 远 纫 瓷 戏
读 辫 技 棕 色 乐 艺 影 读 品 戏 影 棒 术
技 子 纫 舞 艺 影 工 读 营 球 技 曲 阅
松 法 法 园 营 魔 读 纫 球 园 戏 活 画 猎
动 跳 摄 工 影 趣 术 工 摄 暇 读 卷 发 乐
金 发 益 足 绘 影 干 读 黑 色 灰 舞 针 动
营 瓷 乐 园 趣 健 拼 画 纫 白 击 绘 法 缝
乐 厚 放 画 拳 工 康 拳 戏 跳 技 乐 拳 动
摄 益 营 猎 鱼 园 画 陶 绘 绘 远 篮 绘 戏
织 拳 营 营 艺 动 击 篮 潜 图 柔 软 的 松
摄 织 缝 球 游 跳 益 艺 摄 读 钓 摄 秃 跳
绘 拼 击 针 薄 钓 陶 闪 亮 的 益 趣 猎 技
长 短 暇 足 工 松 暇 球 营 的 趣 益 猎 影 拼
技 缝 跳 戏 足 球 银 松 击 画 钓 足 棒 魔

白色
金发
卷发
闪亮的
柔软的
卷曲
灰色

光滑
棕色
黑色
健康
辫子
编织

18 - Archéologie

团 针 织 足 针 织 后 法 动 鱼 营 缝 营 陶
队 能 活 猎 击 潜 球 裔 暇 阅 击 术 技 园
暇 画 利 读 利 艺 击 钓 碎 片 游 露 舞 法
画 利 图 松 图 工 戏 狩 舞 益 影 术 读 阅
棒 纫 艺 松 摄 画 乐 露 拳 球 瓷 园 技 寺
分 析 球 技 技 纫 缝 纫 能 利 画 神 秘 庙
钓 读 活 能 摄 织 瓷 遗 迹 墓 营 拳 绘 潜
阅 游 品 古 代 陶 魔 针 乐 评 估 教 时 棒
骨 头 魔 织 对 象 松 趣 猎 戏 狩 授 代 法
研 狩 影 纫 化 石 陶 器 露 术 戏 园 画 利
放 究 读 潜 品 拳 术 拳 画 园 工 趣 拼 放
文 园 员 远 跳 击 专 球 针 陶 影 未 画
舞 明 篮 读 织 艺 家 暇 瓷 利 拳 知 拼
放 读 乐 阅 绘 摄 技 营 陶 艺 阅 术 影 园

分析
古代
研究员
文明
后裔
专家
时代
团队
评估
化石

碎片
未知
神秘
对象
骨头
陶器
教授
遗迹
寺庙

19 - Mammifères

跳	拼	篮	陶	趣	乐	远	狐	狸	公	园	球	跳	园
暇	术	远	瓷	阅	艺	狮	子	利	牛	活	魔	跳	读
足	读	露	舞	长	老	虎	舞	陶	袋	鼠	影	活	棒
猫	摄	品	击	猎	颈	技	拼	益	工	潜	猴	工	松
画	击	鱼	狩	法	跳	鹿	针	海	豚	象	大	子	钓
狗	球	品	缝	狩	鱼	织	园	跳	露	针	猩	兔	益
鱼	阅	棒	园	阅	园	球	拳	戏	动	阅	猩	戏	活
狩	益	艺	猎	暇	图	拼	活	趣	猎	瓷	读	熊	纫
纫	读	篮	郊	狼	魔	暇	猎	拼	画	棒	营	图	拼
绘	露	乐	鱼	艺	跳	跳	棒	松	潜	技	园	篮	图
狩	缝	益	影	园	缝	狼	鲸	摄	棒	暇	跳	活	缝
绘	园	影	针	暇	狩	织	马	读	拳	乐	动	放	暇
舞	球	技	露	羊	技	棒	影	画	缝	动	斑	马	棒
艺	戏	放	棒	营	趣	画	针	钓	狩	乐	棒	游	园

郊狼　　　　　　狮子
海豚　　　　　　狐狸
大象　　　　　　猴子
长颈鹿　　　　　公牛
大猩猩　　　　　老虎
袋鼠　　　　　　斑马
兔子

20 - Chocolat

园	球	利	影	钓	异	活	拳	摄	美	篮	焦	园	纫
能	放	活	益	潜	国	远	绘	篮	味	拳	糖	最
魔	品	绘	针	拳	情	苦	球	放	狩	戏	拳	读	喜
能	营	松	魔	松	调	味	道	纫	游	画	绘	活	欢
活	钓	拳	露	品	远	狩	艺	篮	篮	跳	击	击	的
缝	读	能	品	品	针	钓	趣	狩	陶	潜	拼	钓
球	舞	法	戏	狩	跳	拳	魔	拳	糖	果	影	猎	缝
甜	蜜	的	花	生	可	可	抗	氧	化	剂	卡	路	里
画	工	舞	狩	活	绘	术	瓷	潜	缝	篮	香	趣	潜
针	瓷	缝	足	术	术	露	魔	陶	织	拳	气	猎	趣
椰	技	质	松	动	渴	游	食	谱	缝	鱼	松	魔	绘
远	子	量	动	成	望	戏	狩	绘	瓷	绘	鱼	工	戏
术	园	球	陶	分	艺	品	陶	读	远	游	织	拼	游
击	狩	阅	瓷	营	阅	潜	拼	术	织	球	缝	松	营

抗氧化剂　　　　　渴望
香气　　　　　　　异国情调
糖果　　　　　　　最喜欢的
花生　　　　　　　味道
可可　　　　　　　成分
卡路里　　　　　　椰子
焦糖　　　　　　　质量
美味　　　　　　　食谱
甜蜜的

21 - Mathématiques

能	营	魔	园	露	指	三	角	形	平	乐	法	陶	乐
织	能	图	跳	纫	鱼	数	品	边	行	拼	利	拼	图
艺	舞	广	游	钓	球	分	能	多	四	暇	瓷	工	影
能	戏	场	瓷	品	营	工	方	程	边	织	拼	图	技
周	潜	松	松	击	跳	趣	动	棒	形	矩	益	鱼	放
长	图	读	松	篮	乐	缝	游	猎	平	对	称	跳	艺
利	拳	动	乐	画	卷	画	动	读	行	瓷	阅	活	阅
技	阅	猎	针	园	动	游	纫	摄	拼	和	棒	能	艺
绘	远	鱼	益	足	跳	游	魔	图	画	技	读	远	影
营	活	品	远	法	放	潜	棒	营	法	品	暇	钓	瓷
猎	绘	读	露	品	织	活	鱼	缝	角	直	径	戏	松
十	进	制	法	读	舞	艺	工	垂	度	绘	阅	半	击
益	几	何	学	舞	纫	算	益	足	直	狩	瓷	品	拼
游	阅	鱼	能	拳	品	术	瓷	工	技	缝	画	能	影

角度	几何学
算术	平行
广场	平行四边形
周长	垂直
十进制	多边形
直径	半径
指数	矩形
方程	对称
分数	三角形

22 - Sport

针	健	钓	露	工	画	肌	跑	篮	心	血	管	最	魔
阅	康	艺	动	游	拳	肉	步	棒	营	活	跳	大	能
瓷	画	鱼	益	织	松	放	益	猎	潜	拼	棒	化	品
影	球	趣	足	营	击	棒	瓷	舞	鱼	技	跳	利	篮
击	摄	教	跳	缝	足	潜	针	拳	瓷	技	潜		针
耐	园	练	图	跳	拳	能	技	循	潜	利	足	园	绘
饮	力	潜	露	戏	放	球	园	利	环	鱼	营	技	松
食	能	技	跳	跳	远	力	棒	跳	阅	拼	术	法	魔
陶	魔	摄	利	活	戏	量	程	舞	潜	育	足	利	法
乐	戏	趣	缝	戏	阅	序	骨	身	体	露	放	图	
运	动	员	代	画	篮	乐	法	术	头	活	法	篮	
游	读	暇	谢	松	动	营	球	绘	图	远	棒	活	益
目	标	棒	趣	戏	艺	养	绘	法	利	动	跳	潜	乐
瓷	技	拳	艺	棒	露	绘	潜	法	针	益	工	纫	工

运动员　　　　　　　　　　跑步
能力　　　　　　　　　　　最大化
心血管　　　　　　　　　　代谢
身体　　　　　　　　　　　肌肉
循环　　　　　　　　　　　营养
跳舞　　　　　　　　　　　目标
饮食　　　　　　　　　　　骨头
耐力　　　　　　　　　　　程序
教练　　　　　　　　　　　健康
力量　　　　　　　　　　　体育

23 - Mythologie

潜	钓	品	动	文	戏	鱼	纫	缝	露	鱼	战	士	放
陶	闪	电	影	化	陶	篮	缝	术	针	益	雷	摄	品
远	趣	瓷	凡	人	艺	钓	钓	缝	画	戏	灾	陶	法
猎	营	技	读	松	利	游	猎	针	游	纫	难	图	艺
狩	活	跳	趣	营	摄	猎	绘	益	趣	画	营	术	
营	动	活	舞	放	艺	舞	阅	游	跳	活	嫉	针	
创	造	怪	物	力	品	英	行	为	动	工	球	魔	妒
击	击	缝	钓	动	量	雄	传	说	艺	魔	阅	阅	击
复	仇	足	趣	品	品	阅	绘	舞	狩	益	露	露	法
篮	趣	织	篮	针	营	工	舞	法	球	魔	艺	摄	瓷
营	技	潜	信	术	阅	动	针	神	钓	狩	棒	陶	动
戏	球	迷	仰	击	拼	阅	能	针	奇	生	物	原	型
益	露	宫	艺	松	瓷	阅	针	摄	暇	针	益	工	活
画	影	织	狩	狩	画	足	动	陶	图	戏	画	不	朽

原型
灾难
行为
创造
生物
信仰
文化
闪电
力量
战士

英雄
不朽
嫉妒
迷宫
传说
神奇
怪物
凡人
复仇

露	技	蛋	鱼	影	香	趣	盐	技	放	法	活	蛋	园
摄	影	潜	乐	摄	料	饮	魔	摄	利	拼	法	猎	糕
利	针	面	绘	阅	艺	品	缝	钓	棒	读	拳	品	画
叉	远	条	美	味	艺	远	织	纫	缝	球	图	针	工
营	子	勺	图	水	沙	拉	舞	陶	绘	松	游	工	趣
画	椅	法	工	影	游	棒	魔	拼	拳	园	瓷	摄	趣
服	务	员	针	利	园	针	品	瓷	摄	术	乐	阅	拳
午	园	暇	动	拳	营	钓	针	影	摄	园	摄	露	跳
餐	晚	法	露	摄	冰	园	工	击	猎	远	绘	益	鱼
缝	缝	瓷	摄	艺	绘	松	拳	技	品	戏	松	术	画
摄	阅	能	魔	活	远	能	水	足	瓷	球	工	法	游
放	拼	园	影	松	营	缝	艺	果	戏	工	术	针	动
法	汤	趣	蔬	菜	钓	活	钓	游	读	放	法	鱼	绘
技	法	陶	猎	针	拼	舞	织	乐	游	动	游	魔	画

饮料　　　　　叉子
椅子　　　　　水果
勺子　　　　　蛋糕
午餐　　　　　蔬菜
美味　　　　　面条
晚餐　　　　　沙拉
香料　　　　　服务员

25 - Beauté

拼	能	露	益	法	狩	利	狩	篮	篮	化	摄	术	读
潜	拳	活	纫	拼	阅	击	品	阅	利	织	妆	篮	园
钓	法	造	型	师	剪	舞	魔	球	技	击	狩	针	工
卷	篮	鱼	利	击	刀	远	游	园	法	拳	影	服	陶
发	陶	戏	足	潜	影	织	品	皮	品	拳	益	画	务
魔	钓	工	优	术	品	益	动	肤	松	球	狩	绘	纫
陶	画	睫	雅	游	镜	子	读	趣	棒	利	化	妆	品
香	味	毛	棒	法	上	远	舞	工	鱼	能	法	戏	足
魅	力	膏	缝	舞	暇	阅	足	放	品	技	针	瓷	产
术	光	暇	跳	阅	读	绘	织	游	利	油	远	放	品
法	滑	游	法	绘	露	跳	活	活	乐	园	棒	读	益
瓷	品	露	瓷	洗	发	水	读	技	陶	棒	舞	缝	绘
颜	猎	远	口	乐	暇	画	松	摄	瓷	拳	摄	游	篮
击	色	品	红	戏	画	品	技	纫	纫	击	放	松	摄

卷发	镜子
魅力	香味
剪刀	皮肤
化妆品	上镜
颜色	产品
优雅	口红
光滑	服务
化妆	洗发水
睫毛膏	造型师

26 - Avions

乘	动	织	摄	趣	利	魔	绘	螺	活	织	魔	工	画
瓷	客	远	品	绘	远	潜	戏	旋	缝	动	品	棒	篮
氢	拳	方	向	猎	趣	阅	绘	桨	猎	魔	读	利	针
图	松	缝	图	影	猎	跳	织	钓	引	擎	棒	戏	动
针	法	足	画	活	松	暇	技	鱼	能	摄	趣	历	史
图	动	能	能	针	陶	潜	利	艺	趣	乐	猎	松	乐
狩	棒	摄	画	拳	活	趣	球	篮	工	足	击	猎	放
鱼	摄	舞	能	跳	工	潜	摄	法	足	动	艺	棒	膨
术	棒	纫	棒	拳	纫	狩	猎	摄	钓	燃	料	湍	胀
大	球	拼	棒	摄	潜	飞	行	员	缝	陶	阅	流	暇
织	气	下	落	阅	船	员	鱼	品	绘	冒	针	缝	舞
趣	空	层	降	趣	松	狩	钓	绘	纫	险	瓷	松	动
工	天	鱼	猎	品	高	度	活	足	拼	导	足	法	拳
摄	工	舞	魔	技	术	绘	针	乐	阅	航	远	足	瓷

空气
大气层
降落
冒险
气球
燃料
天空
下降
方向
船员

膨胀
高度
螺旋桨
历史
引擎
导航
乘客
飞行员
湍流

27 - Aventure

松	舞	露	园	纫	活	陶	品	技	趣	游	影	营	利
营	球	拳	纫	技	乐	织	纫	足	法	术	利	狩	针
远	击	乐	趣	瓷	放	法	品	法	技	营	鱼	纫	能
营	潜	球	鱼	营	潜	篮	影	工	织	图	缝	营	拳
能	魔	益	利	乐	乐	能	挑	能	动	乐	魔	远	术
棒	准	狩	瓷	放	画	技	战	乐	放	足	乐	乐	热
喜	备	朋	危	远	猎	法	安	勇	旅	行	读	技	情
异	悦	友	险	艺	击	园	全	敢	摄	远	美	活
常	猎	拼	乐	品	活	舞	击	戏	放	放	瓷	动	钓
活	困	读	瓷	击	大	自	然	益	舞	暇	棒	纫	营
鱼	难	瓷	瓷	活	机	会	术	地	拼	跳	趣	戏	画
足	读	行	营	活	动	篮	新	的	趣	乐	法	猎	足
棒	摄	程	导	游	暇	魔	技	目	益	远	能	远	钓
猎	技	工	航	摄	影	狩	营	棒	跳	瓷	足	乐	绘

活动　　　　　　　异常
朋友　　　　　　　行程
勇敢　　　　　　　喜悦
机会　　　　　　　大自然
危险　　　　　　　导航
目的地　　　　　　新的
挑战　　　　　　　准备
困难　　　　　　　安全
热情　　　　　　　旅行
远足

28 - Ville

读	织	远	针	织	露	拼	读	击	针	摄	动	乐	瓷
工	趣	益	跳	露	阅	狩	暇	钓	银	拼	物	画	缝
艺	球	瓷	针	露	能	面	包	店	术	行	园	活	足
工	篮	拳	猎	露	潜	松	针	拼	趣	猎	球	术	图
击	鱼	工	工	营	趣	纫	魔	纫	松	拼	远	诊	所
体	育	场	机	市	艺	绘	戏	篮	影	读	学	餐	影
松	潜	阅	暇	场	缝	潜	阅	剧	院	摄	校	馆	厅
动	绘	活	跳	术	电	影	游	舞	工	跳	球	书	店
阅	缝	狩	法	乐	工	品	读	读	能	舞	品	图	博
放	露	趣	园	瓷	阅	游	放	大	足	工	狩	露	物
缝	拳	缝	摄	纫	露	拳	益	学	陶	画	动	球	馆
拳	钓	钓	狩	摄	远	露	游	能	猎	廊	术	纫	击
法	绘	品	花	店	魔	术	针	绘	画	酒	益	园	放
超	级	市	场	拼	远	摄	篮	拼	球	缝	店	药	营

机场	书店
银行	市场
图书馆	博物馆
面包店	药店
电影	餐厅
诊所	体育场
学校	超级市场
花店	剧院
画廊	大学
酒店	动物园

29 - Ingénierie

暇	针	读	拼	织	放	缝	园	工	读	法	戏	杠	杆
陶	读	法	齿	松	乐	法	击	织	足	缝	益	舞	工
能	影	益	轮	放	趣	利	放	放	球	魔	动	工	乐
钓	品	游	法	放	陶	乐	暇	利	暇	露	足	跳	暇
乐	针	技	阅	动	魔	法	乐	工	足	画	分	图	表
织	远	缝	绘	跳	钓	魔	趣	活	园	纫	跳	配	纫
动	推	远	摄	趣	针	直	径	工	狩	利	针	力	量
球	进	瓷	戏	营	缝	活	影	陶	影	动	篮	击	戏
松	能	篮	舞	鱼	绘	图	跳	跳	技	游	活	拼	图
篮	术	马	品	潜	潜	艺	活	益	拼	鱼	瓷	柴	益
魔	露	达	球	稳	运	动	阅	松	游	能	机	器	油
液	放	画	读	定	阅	钓	术	技	阅	游	能	源	阅
戏	体	计	算	性	动	营	瓷	结	轴	园	深	度	拼
钓	益	动	测	量	拳	技	游	构	足	品	图	角	瓷

30 - Énergie

环	境	太	燃	氢	工	鱼	影	工	舞	读	猎	拼	跳
活	核	阳	料	缝	钓	魔	猎	业	拳	摄	影	拼	益
碳	暇	足	球	风	摄	拼	露	拳	狩	舞	远	缝	工
缝	暇	松	品	舞	缝	动	戏	猎	能	纫	远	园	再
园	技	艺	利	影	读	园	露	术	技	马	达	园	生
涡	轮	绘	摄	绘	游	足	跳	远	猎	术	潜	放	瓷
读	舞	读	纫	画	狩	动	魔	瓷	鱼	足	放	动	
钓	纫	熵	读	露	技	读	乐	能	拼	跳	织	品	
动	池	电	放	魔	利	织	园	陶	篮	拼	纫	影	
篮	活	远	子	热	远	舞	画	纫	艺	工	狩	潜	
远	动	游	光	瓷	狩	营	影	瓷	足	活	缝	棒	
电	阅	松	子	动	品	活	园	柴	油	汽	工	篮	
球	阅	园	污	染	影	趣	狩	击	拼	术	球	狩	
营	益	露	针	戏	绘	影	跳	露	画	活	法	远	暇

电池		马达
燃料		光子
柴油		污染
环境		再生
汽油		太阳
电子		涡轮
工业		

31 - Corps Humain

活	陶	钓	乐	击	棒	利	读	术	拼	放	击	钓	击
术	趣	跳	脸	技	棒	绘	心	技	益	暇	陶	松	篮
舞	影	肘	法	针	趣	摄	猎	鱼	术	活	品	术	术
击	图	暇	部	踝	拳	园	动	潜	瓷	术	织	乐	工
露	足	摄	鱼	颚	画	影	艺	术	露	图	纫	舞	胃
利	活	品	画	击	瓷	术	织	远	拳	球	能	足	织
品	营	松	皮	纫	脖	足	工	棒	园	影	钓	纫	活
戏	利	活	肤	活	技	子	戏	术	戏	法	园	能	利
艺	放	鼻	子	摄	艺	纫	瓷	益	读	棒	陶	益	陶
陶	钓	远	拼	园	瓷	利	篮	松	击	纫	针	织	园
膝	瓷	乐	潜	营	拳	耳	朵	术	血	舞	脑	足	拼
盖	手	摄	绘	读	暇	下	嘴	唇	暇	缝	营	瓷	跳
潜	指	篮	球	肩	影	巴	击	舞	击	益	棒	篮	乐
品	拳	艺	图	膀	魔	潜	纫	放	纫	头	手	艺	绘

脖子　　　　　　　　　嘴唇
肘部　　　　　　　　　下巴
手指　　　　　　　　　鼻子
肩膀　　　　　　　　　耳朵
膝盖　　　　　　　　　皮肤

32 - Épices

狩	摄	图	营	拳	动	织	品	孜	然	露	能	园	足
乐	足	击	狩	术	藏	大	猎	潜	针	瓷	画	阅	跳
工	乐	拼	游	活	红	蒜	乐	缝	园	姜	织	织	潜
益	拼	活	足	动	花	拳	趣	纫	趣	棒	乐	乐	味
图	技	鱼	盐	戏	艺	园	戏	活	缝	棒	魔	拳	道
园	足	甘	草	舞	艺	利	露	潜	棒	艺	狩	胡	粉
法	图	术	露	击	暇	针	拳	棒	绘	钓	活	潜	椒
益	放	足	趣	洋	活	跳	织	跳	绘	品	露	动	辣
拼	放	魔	舞	葱	松	苦	胡	芦	巴	趣	咖	肉	潜
织	园	园	画	利	陶	足	缝	画	能	潜	喱	桂	击
阅	园	狩	松	香	猎	营	猎	潜	阅	图	品	击	法
技	活	园	放	草	豆	篮	放	工	酸	的	茴	菜	棒
鱼	法	拼	工	跳	篮	蔻	豆	肉	绘	趣	利	香	棒
足	画	舞	远	读	戏	潜	工	工	狩	趣	戏	缝	艺

酸的　　　　　　　　肉豆蔻
大蒜　　　　　　　　洋葱
肉桂　　　　　　　　辣椒粉
豆蔻　　　　　　　　胡椒
香菜　　　　　　　　甘草
孜然　　　　　　　　藏红花
咖喱　　　　　　　　味道
茴香　　　　　　　　香草
胡芦巴

33 - Science

松	远	缝	原	钓	游	事	矿	影	篮	乐	游	工	益
篮	球	远	动	子	分	实	物	实	验	猎	拼	利	拳
击	营	织	摄	粒	织	摄	生	篮	舞	能	图	舞	拼
园	游	园	狩	动	园	猎	潜	戏	露	潜	足	术	潜
击	乐	鱼	大	数	钓	远	拳	鱼	图	拳	戏	戏	读
园	趣	足	自	猎	据	营	篮	针	瓷	拼	影	影	拳
活	方	陶	然	游	益	趣	陶	瓷	读	暇	影	假	戏
击	法	影	园	术	阅	露	化	进	画	足	营	假	设
戏	潜	放	乐	棒	潜	营	学	戏	利	棒	园	动	戏
实	钓	戏	露	法	摄	科	的	松	术	跳	活	技	动
露	验	益	针	影	重	学	跳	放	露	观	察	陶	鱼
术	阅	室	物	理	力	家	瓷	法	缝	放	篮	活	纫
园	摄	戏	游	图	猎	动	纫	跳	织	缝	暇	棒	戏
艺	阅	摄	织	法	针	瓷	气	候	拼	技	舞	化	石

原子	实验室
化学的	方法
气候	矿物
数据	分子
实验	大自然
进化	观察
事实	生物
化石	粒子
重力	物理
假设	科学家

34 - Vêtements

技	凉	远	魔	影	游	围	魔	陶	利	影	毛	魔	利
术	鞋	读	狩	技	活	舞	巾	狩	游	能	衣	露	拳
阅	画	魔	益	阅	戏	能	营	纫	远	绘	露	带	拼
动	魔	松	能	读	放	魔	绘	工	潜	舞	能	利
足	远	拼	露	潜	戏	棒	影	篮	陶	技	缝	纫	绘
手	套	法	连	衣	裙	阅	营	远	图	图	纫	魔	针
魔	手	镯	法	瓷	法	猎	术	益	睡	衣	围	裙	法
钓	术	术	魔	放	工	时	外	套	戏	绘	放	缝	利
珠	画	拼	活	篮	拳	击	尚	活	项	牛	仔	裤	工
营	宝	趣	魔	品	摄	技	术	艺	链	魔	棒	放	暇
放	魔	画	影	篮	篮	露	缝	画	松	松	篮	棒	利
篮	缝	魔	影	夹	艺	画	帽	子	衬	衫	狩	放	足
术	阅	图	游	克	拼	棒	潜	裤	缝	拼	活	戏	拼
露	瓷	猎	活	活	短	裙	篮	钓	绘	戏	棒	摄	游

珠宝　　　　　　　　外套
手镯　　　　　　　　时尚
帽子　　　　　　　　裤子
衬衫　　　　　　　　毛衣
项链　　　　　　　　睡衣
围巾　　　　　　　　连衣裙
手套　　　　　　　　凉鞋
牛仔裤　　　　　　　围裙
短裙　　　　　　　　夹克

35 - Arts Visuels

电	创	缝	肖	像	看	法	粉	纫	画	戏	魔	营	暇
影	造	织	露	园	露	拳	笔	模	架	雕	艺	术	家
技	力	露	法	跳	笔	织	能	具	瓷	塑	游	暇	猎
法	游	露	狩	趣	拳	益	乐	击	远	益	游	法	击
游	瓷	鱼	球	拳	益	艺	潜	艺	读	杰	跳	拳	
术	摄	跳	足	阅	暇	游	法	动	工	作	利	法	
露	利	鱼	缝	图	能	绘	球	足	拼	跳	篮	缝	
棒	建	足	读	法	画	魔	瓷	趣	织	潜	绘	动	阅
法	筑	照	片	绘	猎	戏	陶	露	魔	铅	纫	蜡	
趣	营	戏	画	画	阅	放	击	鱼	摄	摄	笔	跳	
球	拳	纫	游	乐	艺	拼	利	暇	猎	乐	跳	钓	
潜	能	术	鱼	篮	暇	拳	法	粘	击	魔	摄	活	织
木	炭	技	艺	游	影	图	工	工	土	技	拼	阅	能
魔	暇	陶	缝	摄	摄	缝	瓷	篮	瓷	利	艺	技	摄
艺	画	器	画	游	艺	图	品	营	利				

建筑   电影
粘土   绘画
艺术家   看法
木炭   照片
杰作   模具
画架   肖像
粉笔   陶器
铅笔   雕塑
创造力

36 - Méditation

针	工	游	阅	露	露	游	工	大	鱼	钓	情	潜	绘
鱼	益	营	缝	棒	松	营	潜	自	术	远	戏	绪	松
棒	读	陶	同	击	舞	园	工	然	利	针	品	感	激
画	术	陶	情	陶	篮	瓷	松	戏	术	魔	暇	足	潜
利	音	法	工	艺	游	趣	戏	利	工	技	暇	幼	远
善	乐	击	戏	球	拳	陶	利	平	陶	陶	术	舞	阅
良	明	幼	技	接	击	钓	画	静	习	织	缝	戏	法
读	晰	拼	针	受	陶	艺	画	放	惯	幼	放	针	动
摄	运	动	游	影	艺	暇	猎	篮	利	沉	球	游	球
法	远	利	足	和	益	图	益	能	趣	默	露	舞	游
呼	摄	戏	技	平	幼	缝	舞	技	幸	游	远	利	品
吸	瓷	透	姿	法	钓	技	放	跳	福	绘	狩	狩	游
幼	工	视	工	势	拼	观	缝	针	营	猎	球	缝	潜
醒	狩	活	活	能	趣	察	画	工	跳	心	理	陶	潜

接受
幸福
平静
明晰
同情
情绪
善良
感激
习惯
心理

运动
音乐
大自然
观察
和平
透视
姿势
呼吸
沉默

37 - Littérature

缝	阅	轶	拼	暇	术	跳	纫	园	针	对	鱼	术	露
足	远	事	分	图	舞	缝	织	针	读	话	棒	园	活
画	画	远	法	析	节	利	类	悲	剧	纫	舞	益	益
露	画	远	能	猎	奏	隐	拳	比	旁	白	暇	主	能
图	针	游	狩	露	跳	喻	读	拳	术	动	松	题	纫
工	利	作	摄	织	阅	陶	球	绘	趣	猎	暇	钓	技
小	说	者	诗	益	活	缝	潜	技	纫	能	潜	影	描
露	益	露	乐	魔	猎	摄	韵	摄	绘	缝	意	见	述
益	影	园	乐	潜	能	工	戏	动	拳	跳	诗	戏	击
动	绘	乐	跳	拳	击	动	舞	篮	技	魔	狩	艺	益
结	论	营	风	格	画	法	拳	营	能	阅	缝	舞	工
狩	缝	工	阅	魔	纫	露	利	放	织	动	陶	棒	跳
乐	乐	魔	画	传	记	魔	缝	缝	鱼	能	益	露	比
读	魔	潜	工	益	鱼	钓	远	暇	纫	品	技	远	较

类比
分析
轶事
作者
传记
比较
结论
描述
对话

小说
隐喻
旁白
意见
诗
节奏
风格
主题
悲剧

38 - Nourriture #1

趣	鱼	足	拳	潜	足	图	利	陶	牛	工	趣	缝	棒
潜	品	图	针	戏	胡	活	技	拼	奶	品	园	读	法
舞	图	纫	舞	术	放	萝	拳	果	舞	乐	肉	桂	纫
露	利	芜	球	钓	技	魔	卜	汁	放	乐	球	汤	拳
利	陶	菁	纫	暇	游	缝	魔	图	草	莓	乐	盐	阅
暇	柠	檬	篮	乐	利	松	趣	棒	跳	钓	狩	图	摄
梨	游	品	瓷	戏	法	金	枪	鱼	肉	露	跳	菠	园
球	法	沙	拉	罗	勒	糖	利	松	瓷	工	棒	菜	远
篮	营	鱼	游	画	篮	远	瓷	缝	魔	织	品	乐	绘
利	法	游	技	麦	纫	趣	狩	洋	潜	鱼	针	暇	远
缝	拳	咖	法	大	能	园	趣	松	葱	绘	游	品	瓷
利	活	啡	足	能	蒜	潜	暇	动	摄	活	拼	狩	工
棒	魔	游	园	钓	拳	拳	纫	纫	缝	钓	工	狩	摄
拳	舞	纫	利	营	戏	钓	利	能	技	织	纫	狩	暇

大蒜	果汁
罗勒	牛奶
咖啡	芜菁
肉桂	洋葱
胡萝卜	大麦
柠檬	沙拉
菠菜	金枪鱼
草莓	

39 - Jours et Mois

星	瓷	暇	星	四	织	二	月	七	一	期	星	戏	陶
期	击	拼	五	期	星	足	八	四	月	九	暇	棒	园
三	摄	绘	六	星	六	棒	针	远	三	猎	露	松	图
技	击	园	工	月	法	星	期	日	拼	织	露	益	工
术	纫	园	棒	一	拼	技	绘	拳	益	拼	艺	术	击
棒	周	远	动	十	陶	陶	艺	月	拼	缝	篮	篮	品
术	艺	跳	远	松	益	魔	乐	足	活	暇	游	趣	
钓	乐	星	缝	针	影	瓷	法	拳	活	利	纫	暇	摄
猎	棒	期	放	远	拳	术	艺	动	日	法	趣	舞	品
活	艺	二	法	击	影	术	技	放	历	针	能	魔	棒
远	园	技	趣	球	艺	松	法	游	技	工	十	月	读
品	活	营	影	瓷	乐	图	击	画	游	影	拳	活	潜
猎	绘	潜	读	艺	法	猎	能	潜	乐	露	魔	瓷	猎
术	图	球	品	活	缝	缝	摄	缝	舞	乐	技	品	绘

40 - Jardinage

读	园	绘	摄	能	活	陶	潜	潜	戏	拼	束	花	缝
利	游	球	拼	纫	潜	读	织	钓	工	软	织	的	绘
放	击	球	纫	容	器	果	季	食	用	管	球	松	击
舞	利	绘	松	气	候	园	节	堆	肥	鱼	趣	绘	跳
织	露	动	钓	法	影	土	性	戏	污	画	松	阅	摄
狩	乐	图	活	摄	技	壤	潜	技	游	垢	棒	陶	游
陶	舞	园	针	猎	术	魔	趣	活	种	纫	鱼	益	跳
球	拳	篮	能	拼	开	远	露	跳	跳	物	子	植	影
摄	树	叶	水	分	花	叶	异	国	情	调	读	法	
品	利	拼	阅	戏	狩	松	篮	活	舞	艺	魔	益	营
瓷	图	远	画	狩	鱼	纫	水	图	营	击	舞	松	
舞	棒	动	阅	术	拼	远	远	鱼	足	绘	魔	术	趣
鱼	棒	放	松	远	鱼	游	拳	暇	术	露	舞	织	阅
暇	法	摄	放	陶	影	画	露	击	魔	戏	能	陶	读

植物
花束
气候
食用
堆肥
物种
异国情调
树叶
开花

花的
种子
水分
容器
季节性
污垢
土壤
软管
果园

41 - Entreprise

金	狩	阅	术	法	针	钓	办	松	法	纫	雇	主	税
棒	融	游	放	陶	阅	工	公	陶	乐	读	魔	潜	画
预	能	游	针	经	狩	瓷	室	织	艺	钱	工	针	针
松	算	纫	织	济	织	拳	画	绘	魔	鱼	狩	影	魔
营	乐	员	工	学	篮	鱼	摄	艺	球	营	放	益	织
收	露	法	益	利	品	远	放	乐	猎	狩	针	暇	工
入	销	售	拳	影	鱼	品	法	陶	钓	鱼	乐	击	厂
远	舞	技	益	能	棒	货	币	潜	钓	猎	图	远	远
益	篮	魔	品	狩	商	跳	暇	利	润	读	舞	工	乐
工	潜	趣	远	击	品	公	司	职	业	生	涯	交	易
猎	击	法	品	技	投	营	跳	钓	摄	读	织	术	乐
品	击	放	艺	影	跳	资	远	趣	狩	阅	动	放	棒
放	舞	成	本	画	图	针	舞	商	店	绘	动	能	利
品	艺	暇	足	读	戏	画	趣	读	乐	陶	露	艺	棒

商店	经济学
预算	金融
办公室	投资
职业生涯	商品
成本	利润
货币	收入
雇主	交易
员工	工厂
公司	销售

42 - Activités

营	术	读	钓	鱼	游	工	艺	品	缝	能	利	阅	活
远	绘	潜	球	钓	纫	戏	园	活	阅	纫	益	瓷	远
阅	织	拳	露	园	乐	放	足	球	术	远	营	拳	猎
读	放	潜	放	针	活	动	法	舞	钓	魔	法	工	放
纫	读	趣	动	纫	术	图	篮	拼	影	技	能	活	松
艺	球	暇	篮	拳	针	远	法	技	击	猎	篮	狩	艺
钓	球	织	足	暇	魔	术	纫	拳	纫	钓	画	击	阅
绘	露	跳	猎	利	足	狩	影	营	技	魔	营	术	阅
图	绘	放	艺	术	术	狩	乐	魔	摄	影	纫	棒	影
猎	远	针	艺	读	舞	舞	趣	陶	法	图	狩	暇	影
击	松	缝	活	法	活	缝	乐	能	趣	能	露	利	乐
艺	瓷	猎	营	足	舞	织	狩	球	拼	趣	营	能	拳
鱼	乐	品	猎	潜	工	工	猎	陶	跳	舞	远	摄	鱼
读	篮	松	读	足	足	阅	品	瓷	露	放	织	足	动

活动
艺术
工艺品
露营
陶瓷
狩猎
技能
缝纫
跳舞
利益

园艺
游戏
阅读
魔法
钓鱼
摄影
乐远
放松

43 - Fleurs

潜 织 益 暇 钓 读 益 狩 活 猎 郁 暇 法 远
缝 读 潜 篮 缝 园 西 蒲 公 英 金 百 篮 潜
篮 魔 益 摄 游 乐 番 拼 法 品 香 合 狩 纫
营 露 术 园 针 动 莲 舞 松 术 拼 纫 读 远
影 潜 远 缝 陶 针 罂 画 戏 击 活 营 拳 潜
球 击 雏 菊 瓷 松 技 粟 技 活 图 针 戏 篮
利 绘 球 摄 法 营 远 瓷 缝 瓷 击 戏 园 术
针 水 阅 纫 玉 向 日 葵 魔 瓷 动 纫 狩 织
瓷 钓 仙 瓣 兰 拼 陶 技 潜 阅 乐 品 图 猎
牡 丹 玫 花 兰 狩 绘 绘 击 放 棒 图 拳 艺
术 拳 瑰 子 图 三 叶 草 纫 棒 猎 工 舞 品
芙 蓉 足 栀 鱼 工 茉 衣 动 陶 纫 狩 术 潜
暇 花 工 陶 织 缝 莉 薰 摄 球 魔 球 品 能
放 钓 束 足 能 舞 花 摄 品 法 术 跳 针 能

花束　　　　　　西番莲
栀子花　　　　　罂粟
芙蓉　　　　　　花瓣
茉莉花　　　　　蒲公英
水仙花　　　　　牡丹
薰衣草　　　　　玫瑰
百合　　　　　　向日葵
玉兰　　　　　　三叶草
雏菊　　　　　　郁金香
兰花

44 - Nourriture #2

舞	陶	潜	缝	艺	杏	西	击	番	远	远	品	芹	图
乐	缝	技	针	松	仁	术	兰	茄	松	园	技	菜	乐
阅	放	面	包	猎	趣	击	击	花	动	狩	击	趣	针
工	工	拳	益	球	火	影	舞	棒	魔	暇	艺	松	能
绘	魔	蛋	品	鱼	腿	织	工	品	利	针	趣	利	魔
织	阅	远	技	品	篮	击	狩	魔	钓	魔	趣	术	活
术	鱼	绘	利	园	工	绘	击	法	瓷	香	蕉	织	纫
绘	钓	缝	鱼	活	暇	读	针	击	茄	跳	戏	猎	读
苹	果	摄	魔	缝	游	乐	露	蘑	菇	子	能	樱	戏
针	游	球	能	动	远	游	击	暇	跳	舞	足	桃	足
狩	小	麦	读	画	游	钓	葡	动	篮	益	露	猴	拼
鸡	芒	击	品	图	巧	读	萄	影	松	阅	球	猕	营
乐	果	魔	陶	击	棒	克	利	潜	品	织	暇	暇	活
营	动	狩	舞	缝	舞	活	力	米	利	动	球	术	利

杏仁	巧克力
茄子	火腿
香蕉	猕猴桃
小麦	芒果
西兰花	面包
樱桃	苹果
芹菜	葡萄
蘑菇	番茄

45 - Algèbre

技	解	决	活	益	陶	纫	棒	拳	影	品	园	织	远
营	针	术	营	利	放	阅	拼	游	足	园	潜	绘	读
游	图	纫	猎	暇	放	乐	球	魔	画	露	工	绘	线
画	瓷	球	拼	狩	益	简	化	绘	棒	舞	暇	利	性
无	限	画	露	技	图	游	因	素	读	公	式	暇	图
益	减	绘	营	影	表	鱼	纫	指	缝	技	阅	图	艺
分	法	篮	戏	动	戏	舞	艺	绘	数	狩	变	量	拼
篮	数	画	活	能	露	跳	猎	纫	针	篮	狩	数	跳
动	棒	影	摄	暇	拳	能	陶	棒	绘	读	能	放	戏
跳	猎	戏	能	图	阅	足	纫	松	术	绘	钓	绘	营
益	击	猎	缝	园	拳	球	利	利	图	阅	矩	跳	阅
游	缝	案	方	决	解	猎	技	艺	陶	松	阵	活	潜
法	影	钓	程	括	拼	技	问	题	零	和	钓	瓷	放
动	鱼	猎	缝	趣	号	球	品	篮	绘	缝	猎	松	击

图表
指数
方程
因素
公式
分数
无限
线性
矩阵

括号
问题
数量
解决
简化
解决方案
减法
变量

46 - Océan

画	篮	足	动	摄	击	戏	艺	螃	蟹	盐	虾	蜇	海
针	击	图	工	潜	牡	蛎	猎	瓷	影	潜	动	棒	豚
艺	鱼	纫	海	钓	松	舞	魔	击	舞	舞	戏	绘	鱼
园	动	游	绘	藻	图	艺	瓷	技	影	足	船	猎	击
艺	工	画	潜	纫	瓷	阅	远	海	远	艺	放	阅	
画	技	陶	潜	营	篮	品	利	益	鳗	绵	纫	拳	工
绘	篮	能	篮	露	法	棒	益	游	鱼	鲨	波	浪	鲸
影	陶	篮	潜	利	陶	摄	舞	远	枪	击	棒	魔	能
瓷	园	礁	活	技	绘	益	舞	绘	金	读	园	乐	术
游	跳	能	利	术	缝	鱼	远	珊	益	击	放	艺	活
拼	技	摄	舞	陶	能	营	影	瑚	阅	纫	法	球	钓
潜	风	暴	织	舞	读	棒	缝	园	瓷	工	球	读	纫
织	跳	乐	跳	利	艺	画	能	纫	术	乌	龟	摄	影
鱼	章	足	乐	织	绘	游	绘	猎	远	暇	乐	缝	松

海藻
鳗鱼
珊瑚
螃蟹
海豚
海绵
牡蛎

海蜇
章鱼
鲨鱼
风暴
金枪鱼
乌龟
波浪

47 - Antiquités

跳 恢 复 狩 松 摄 魔 读 潜 雕 画 廊 游 魔
织 老 钓 图 舞 益 足 几 缝 塑 技 乐 鱼 艺
活 图 球 猎 画 球 益 十 正 绘 戏 放 舞 园
拼 乐 暇 读 园 动 远 年 宗 园 拳 狩 织 绘
益 猎 影 活 园 球 硬 猎 球 术 篮 陶 魔 针
猎 活 影 戏 益 击 币 松 游 篮 活 画 篮 影
织 纫 戏 篮 舞 趣 钓 狩 拳 跳 戏 益 鱼 拍
风 格 优 雅 猎 足 戏 益 读 绘 击 游 篮 卖
活 读 活 质 法 利 图 装 游 暇 狩 露 营 图
益 摄 影 拳 量 读 异 针 饰 投 资 艺 戏 陶
益 技 园 术 跳 画 益 常 潜 性 暇 术 游 动
击 值 足 绘 世 缝 画 球 拼 的 鱼 法 家 陶
织 价 格 纫 纪 鱼 狩 绘 击 松 珠 拼 具 暇
活 瓷 图 跳 暇 品 利 艺 远 技 宝 游 戏 潜

艺术
正宗
珠宝
几十年
装饰性的
拍卖
优雅
画廊
异常
投资

家具
硬币
价格
质量
恢复
雕塑
世纪
风格
价值

48 - Boxe

放	陶	影	钓	受	绘	踢	鱼	游	战	摄	钓	利	猎
活	纫	营	缝	戏	伤	影	拳	头	斗	足	阅	暇	游
画	纫	画	钓	篮	鱼	绘	角	技	机	趣	品	拳	术
跳	法	画	球	跳	绘	陶	落	游	图	法	舞	篮	读
纫	技	松	远	营	裁	猎	摄	活	钓	远	品	戏	动
潜	能	乐	潜	肘	判	读	下	放	鱼	针	工	影	影
绘	舞	狩	利	力	部	缝	巴	乐	舞	摄	露	摄	趣
魔	工	暇	舞	松	量	游	对	摄	拳	能	狩	游	
钟	棒	舞	球	陶	绘	篮	手	拳	击	暇	摄	跳	钓
工	图	手	击	缝	狩	动	放	图	猎	暇	魔	魔	暇
魔	潜	套	园	绳	索	趣	暇	瓷	松	重	恢	复	品
篮	暇	舞	棒	法	趣	趣	瓷	身	乐	点	艺	篮	篮
游	陶	营	戏	纫	画	摄	体	鱼	摄	魔	读	利	
影	露	篮	乐	园	潜	营	益	露	跳	舞	松	棒	能

対手
裁判
受伤
角落
战斗机
技能
重点
绳索

身体
肘部
力量
手套
下巴头
拳
恢复

49 - Ballet

营	园	观	益	拼	法	阅	园	趣	绘	艺	棒	强	法
技	猎	摄	众	作	击	摄	缝	拼	乐	术	富	度	击
魔	露	术	动	曲	潜	园	钓	戏	缝	的	有	戏	动
阅	阅	技	针	家	乐	暇	图	读	针	图	表	拼	松
绘	狩	舞	能	实	践	音	乐	乐	击	鱼	现	钓	动
魔	法	艺	绘	远	节	奏	远	肌	肉	动	力	戏	针
足	园	利	法	狩	魔	独	品	纫	狩	管	弦	乐	队
松	陶	游	能	远	潜	拳	舞	击	图	技	足	足	击
露	放	松	魔	画	品	掌	工	园	织	利	游	瓷	狩
游	钓	品	能	动	技	摄	声	暇	艺	松	趣	跳	品
摄	工	足	远	针	陶	活	足	足	缝	影	活	影	乐
鱼	针	影	能	画	钓	影	图	击	纫	能	缝	魔	风
松	编	织	球	潜	瓷	园	利	画	活	手	势	拳	格
者	舞	艺	拳	跳	陶	动	球	针	画	技	利	舞	远

掌声	肌肉
艺术的	音乐
编舞	管弦乐队
技能	实践
作曲家	观众
舞者	节奏
富有表现力	独奏
手势	风格
强度	技术

50 - Fruit

击	品	营	陶	菠	趣	拼	纫	图	利	木	球	戏	陶
影	游	篮	苹	萝	影	品	营	图	钓	猕	瓜	远	针
击	读	棒	鱼	果	浆	拼	梨	摄	技	松	猴	篮	拳
工	跳	番	石	榴	活	跳	鳄	油	桃	游	活	桃	趣
篮	戏	园	摄	无	读	益	艺	篮	樱	术	营	利	杏
缝	趣	技	图	花	柠	阅	魔	跳	足	跳	猎	潜	钓
术	趣	击	足	果	檬	击	利	芒	橙	鱼	读	远	品
利	松	拳	动	能	钓	覆	园	果	色	放	远	纫	法
利	击	戏	工	香	蕉	盆	针	织	暇	潜	篮	纫	游
篮	营	针	拳	放	营	子	跳	魔	影	远	营	乐	钓
营	读	拼	拼	拳	动	针	营	跳	图	针	拼	图	钓
魔	拳	松	放	利	足	艺	技	棒	摄	球	暇	钓	画
纫	跳	跳	足	远	露	营	葡	阅	缝	纫	动	棒	足
舞	读	狩	潜	游	营	能	萄	拼	画	能	摄	趣	戏

菠萝	番石榴
鳄梨	猕猴桃
浆果	芒果
香蕉	油桃
樱桃	橙色
柠檬	木瓜
无花果	苹果
覆盆子	葡萄

51 - Technologie

统	跳	绘	字	研	究	瓷	钓	活	读	暇	软	营	松
计	猎	放	体	益	营	动	读	舞	暇	游	件	阅	露
数	工	跳	篮	远	利	戏	安	全	钓	利	足	数	字
据	露	画	活	益	活	屏	工	读	阅	趣	利	游	阅
击	阅	足	文	戏	电	幕	拼	缝	纫	潜	博	营
瓷	猎	缝	件	跳	脑	潜	乐	松	技	阅	暇	陶	客
读	读	纫	读	潜	露	棒	潜	魔	能	术	益	远	艺
暇	画	光	露	猎	乐	针	摄	足	潜	织	乐	趣	技
工	瓷	标	篮	技	图	松	乐	鱼	潜	法	信	绘	活
影	棒	互	联	网	技	暇	钓	鱼	拳	针	动	息	魔
照	相	机	露	读	益	数	据	营	露	暇	狩	读	足
瓷	足	舞	虚	病	放	术	画	活	品	拼	阅	球	魔
浏	览	器	拟	毒	露	暇	狩	动	绘	松	字	节	术
松	舞	拼	跳	纫	乐	营	舞	利	乐	读	工	棒	鱼

博客　　　　　　　　数字
照相机　　　　　　　字节
光标　　　　　　　　电脑
数据　　　　　　　　字体
屏幕　　　　　　　　研究
文件　　　　　　　　安全
互联网　　　　　　　统计数据
软件　　　　　　　　虚拟
信息　　　　　　　　病毒
浏览器

52 - Musique

猎	鱼	狩	棒	陶	足	戏	织	陶	足	绘	拳	拳	摄
击	魔	潜	足	足	拼	织	瓷	画	摄	影	篮	技	足
园	击	乐	艺	录	音	法	影	手	歌	剧	放	击	摄
益	谐	和	图	篮	潜	跳	图	放	技	乐	工	戏	趣
读	波	球	远	远	营	陶	潜	戏	图	音	松	绘	品
魔	篮	艺	瓷	阅	利	益	足	能	旋	狩	球	影	趣
利	拼	游	利	纫	专	松	暇	拳	律	跳	仪	影	利
趣	戏	陶	益	诗	影	辑	针	篮	技	艺	器	法	益
音	乐	家	速	露	意	露	画	动	利	图	乐	缝	狩
潜	缝	拼	趣	度	利	阅	术	术	潜	节	奏	纫	舞
远	园	麦	克	风	抒	声	乐	唱	读	织	益	园	潜
读	利	针	陶	利	情	工	潜	乐	舞	技	缝	凑	足
缝	远	猎	鱼	利	能	乐	益	民	动	球	画	合	露
古	典	技	远	远	陶	读	园	谣	瓷	影	陶	阅	棒

专辑
民谣
歌手
古典音
录和谐
和波
谐合
凑器
仪
抒情

旋律
麦克风
音乐剧
音乐家
歌剧
诗意
节奏
速度
声乐

53 - Météo

拳	影	季	术	趣	远	微	风	飓	球	钓	摄	足	拼
活	暴	风	技	拳	图	龙	卷	风	艺	足	雾	魔	戏
放	法	乐	魔	缝	放	击	技	营	狩	球	动	大	候
针	图	阅	营	画	艺	篮	暇	云	击	松	潜	益	气
温	摄	品	品	纫	远	足	趣	击	法	拼	园	艺	营
度	针	纫	瓷	图	暇	燥	干	技	术	图	园	钓	远
瓷	术	瓷	潜	利	活	远	旱	洪	水	潜	绘	舞	球
影	摄	品	暇	读	阅	拳	魔	松	狩	画	活	工	远
技	纫	织	拳	工	放	戏	拳	能	彩	虹	图	针	钓
趣	画	魔	足	远	影	能	法	舞	法	魔	潜	陶	艺
放	纫	织	拳	绘	天	空	术	潜	雷	拼	画	舞	能
动	利	织	拳	拼	读	冰	织	极	地	声	露	暇	露
猎	潜	利	动	拳	艺	摄	工	园	戏	织	能	击	热
潜	织	织	棒	艺	摄	鱼	潜	潜	园	暇	戏	跳	带

彩虹
大气
微风
天空
气候
洪水
季风
飓风

极地
干燥
干旱
温度
风暴
雷声
龙卷风
热带

54 - L'Entreprise

游 营 产 品 图 魔 园 松 跳 可 能 性 钓 营
活 跳 技 拼 艺 乐 织 缝 放 篮 能 园 投 资
狩 瓷 钓 能 舞 读 鱼 阅 瓷 读 陶 球 能 益
技 猎 工 跳 跳 球 趣 图 图 舞 术 图 能 法
商 质 绘 画 潜 技 魔 足 球 拳 针 瓷 瓷 动
业 量 篮 魔 拳 戏 瓷 篮 读 针 纫 决 单 位
就 营 创 拼 绘 放 拳 趋 趣 拼 进 展 定 益
活 潜 魔 新 术 阅 品 势 放 鱼 利 创 意
暇 声 誉 法 的 术 专 绘 的 织 营 艺 击
风 艺 放 利 拳 介 业 的 篮 棒 工 资 源
险 读 织 益 陶 画 工 收 入 法 益 拼 影
品 舞 足 猎 法 能 魔 绍 阅 钓 工 跳 织 摄
击 魔 篮 动 球 工 露 影 放 潜 图 趣 园 品
技 缝 戏 足 魔 资 纫 织 潜 放 缝 足 术 鱼

55 - Gouvernement

能 事 民 拳 钓 跳 放 动 鱼 暇 象 松 织 足
法 营 潜 主 技 钓 远 暇 营 足 征 拼 图 阅
针 影 影 拼 游 游 狩 权 拳 读 利 暇 动 鱼
瓷 潜 工 暇 篮 法 园 利 球 瓷 拼 拳 品 动
织 缝 平 等 宪 术 独 政 治 阅 趣 远 艺 鱼
松 摄 工 足 法 潜 立 钓 利 法 乐 瓷 摄 击
画 瓷 远 足 摄 法 司 利 艺 猎 缝 足 篮 趣
自 由 暇 国 鱼 律 缝 画 营 活 松 品 术 活
足 讨 利 家 活 工 拳 园 棒 猎 织 画 狩 舞
针 论 足 纪 针 魔 工 钓 跳 松 针 演 利 趣
暇 术 放 益 念 能 针 区 影 足 利 讲 陶 画
松 篮 足 织 织 碑 技 魔 利 状 棒 狩 游 戏
纫 针 瓷 和 绘 棒 法 击 瓷 态 绘 篮 松 魔
游 舞 术 露 平 公 民 身 份 篮 能 舞 正 义

公民身份　　　　司法
民事　　　　　　正义
宪法　　　　　　自由
民主　　　　　　法律
演讲　　　　　　纪念碑
讨论　　　　　　国家
权利　　　　　　和平
平等　　　　　　政治
状态　　　　　　象征
独立

56 - Randonnée

技 艺 品 大 益 陶 织 工 图 法 读 狩 露 舞
摄 利 游 读 自 重 技 放 暇 营 工 游 画 拳
地 图 针 术 针 然 戏 艺 利 读 准 益 篮 利
能 能 缝 画 益 舞 游 累 阅 摄 备 公 阅 山
摄 影 暇 陶 猎 球 拳 趣 狩 绘 阅 园 棒 影
暇 趣 摄 图 猎 猎 园 趣 乐 游 品 石 绘 利
篮 游 远 戏 纫 益 拼 术 足 技 狩 头 足 棒
指 南 鱼 织 营 露 猎 阅 鱼 狩 园 球 技 魔
术 园 游 露 拳 悬 崖 击 物 足 远 法 击
气 候 击 靴 图 远 方 动 陶 读 戏 舞 读
天 工 技 舞 子 远 魔 向 能 画 织 术 摄
品 影 足 暇 松 篮 瓷 艺 利 画 暇 露 技
球 游 松 放 拳 峰 会 猎 营 露 跳 陶
乐 品 狩 品 益 暇 狩 织 水 能 篮 纫 荒 野

动物
靴子
露营
地图
气候
悬崖
指南
天气

大自然
方向
公园
石头
准备
荒野
太阳
峰会

57 - Nutrition

能 钓 舞 养 绘 香 料 针 远 趣 重 利 益 球
魔 品 营 分 卡 碳 水 化 合 物 量 液 利 动
读 营 乐 暇 路 毒 棒 纫 趣 缝 质 体 球 猎
园 利 陶 摄 里 素 法 露 乐 法 术 阅 瓷 品
足 棒 利 园 棒 绘 潜 趣 游 钓 猎 欲 狩 营
足 画 猎 图 平 衡 的 饮 画 舞 益 食 戏 品
工 篮 味 绘 纫 球 能 食 术 乐 发 用 舞 图
球 画 道 阅 放 营 画 球 陶 纫 游 酵 工 陶
维 生 素 活 读 法 品 暇 蛋 鱼 能 戏 暇 拼
苦 棒 跳 放 暇 放 陶 趣 工 白 松 趣 动 阅
针 魔 乐 技 远 工 拼 工 乐 动 质 动 露 球
酱 技 戏 读 狩 健 康 乐 缝 篮 跳 钓 图 消
魔 潜 画 纫 纫 益 拼 暇 暇 露 园 游 活 化
法 趣 球 阅 阅 乐 狩 露 能 品 阅 摄 篮 纫 篮

食欲	液体
卡路里	养分
食用	重量
饮食	蛋白质
消化	质量
香料	健康
平衡的	味道
发酵	毒素
碳水化合物	维生素

58 - Créativité

艺	纫	绘	纫	益	自	愿	景	阅	活	情	读	绘	针
陶	拼	技	跳	明	发	表	能	舞	游	绪	魔	狩	瓷
舞	乐	能	读	流	的	艺	达	魔	影	营	篮	园	放
工	术	足	动	营	动	绘	图	艺	拼	狩	缝	拳	跳
直	拼	园	瓷	术	法	性	像	钓	艺	阅	益	益
利	觉	益	画	利	真	实	性	趣	露	跳	狩	松	阅
潜	利	摄	放	乐	瓷	灵	剧	园	露	影	工	画	品
动	拳	益	动	乐	营	感	戏	技	想	艺	露	力
图	益	篮	影	魔	工	强	暇	乐	品	法	利	印	象
品	织	图	感	棒	法	度	活	工	艺	术	的	明	想
球	工	能	觉	瓷	陶	戏	力	能	鱼	猎	影	晰	潜
乐	利	工	绘	潜	画	篮	阅	艺	纫	活	影	品	绘
潜	击	艺	潜	绘	游	魔	品	阅	篮	动	拳
利	摄	拼	舞	棒	艺	术	舞	露	术	品	球	放	品

艺术的	想象力
真实性	印象
明晰	灵感
技能	强度
戏剧性	直觉
表达	发明
情绪	感觉
流动性	自发的
想法	愿景
图像	活力

59 - Science Fiction

放	陶	跳	绘	狩	缝	术	甲	乐	技	狩	拳	棒	未
足	趣	猎	能	远	暇	露	骨	缝	机	器	人	益	来
世	鱼	克	技	术	纫	益	文	鱼	画	足	营	派	
跳	界	隆	击	暇	狩	舞	系	行	火	篮	趣	放	魔
乐	潜	鱼	放	松	棒	狩	星	拳	舞	舞	陶	松	鱼
工	织	鱼	魔	暇	戏	松	品	爆	舞	法	绘	乐	
利	针	法	工	阅	读	陶	术	营	炸	法	图	暇	
球	瓷	术	游	狩	鱼	园	篮	能	动	工	图	针	狩
潜	舞	织	松	读	跳	工	反	暇	术	虚	技	纫	暇
狩	拼	益	场	错	觉	书	乌	游	猎	构	原	读	技
活	狩	趣	景	益	棒	籍	托	游	的	子	鱼	阅	
绘	益	利	针	游	狩	瓷	邦	托	摄	猎	园	缝	
魔	足	电	神	益	极	鱼	露	织	术	棒	乐	魔	画
乐	利	影	秘	能	端	益	潜	足	缝	摄	球	针	篮

原子	书籍
电影	世界
克隆	神秘
反乌托邦	甲骨文
爆炸	行星
极端	机器人
未来派	场景
星系	技术
错觉	乌托邦
虚构的	

60 - Professions #1

陶	篮	阅	击	园	利	影	松	动	乐	舞	能	绘	益
纫	摄	棒	戏	利	摄	护	士	足	法	水	管	工	品
编	辑	瓷	钓	图	狩	园	摄	术	鱼	科	活	趣	露
针	术	猎	棒	放	击	趣	能	拳	能	学	游	松	露
棒	织	图	大	拼	针	魔	魔	珠	术	家	乐	音	消
制	绘	松	使	影	放	影	动	宝	戏	学	琴	跳	防
图	品	猎	教	地	银	行	家	商	跳	理	舞	钢	队
师	暇	潜	练	质	拳	舞	活	法	针	心	篮	魔	员
摄	律	医	园	学	天	文	学	家	技	针	趣	织	技
棒	跳	兽	生	家	纫	魔	工	跳	猎	人	棒	陶	松
工	艺	篮	足	拼	松	织	陶	画	绘	球	法	暇	趣
球	营	画	狩	舞	蹈	家	击	针	松	戏	击	画	针
园	潜	摄	图	营	园	瓷	能	益	棒	猎	魔	画	技
纫	能	放	棒	瓷	画	园	猎	法	棒	益	绘	技	球

大使	地质学家
天文学家	护士
律师	医生
银行家	音乐家
珠宝商	钢琴家
制图师	水管工
猎人	消防队员
舞蹈家	心理学家
教练	科学家
编辑	兽医

61 - Géologie

营	利	远	石	矿	物	狩	乐	陶	露	远	趣	缝	鱼
图	工	画	头	高	艺	足	舞	足	缝	篮	针	摄	舞
摄	摄	乐	园	原	动	远	影	击	趣	石	动	水	晶
针	影	放	摄	技	读	放	化	趣	洞	乳	英	猎	松
间	趣	拼	营	术	陶	动	笋	石	穴	钟	狩	球	放
歇	织	趣	影	暇	舞	放	松	活	缝	动	活	动	纫
泉	影	拼	拼	拳	猎	放	狩	乐	动	游	营	技	绘
球	法	放	舞	活	击	阅	舞	跳	狩	技	工	绘	能
营	阅	击	区	影	猎	读	能	营	猎	舞	艺	乐	影
法	工	盐	益	狩	钙	绘	趣	趣	技	鱼	珊	游	画
酸	熔	动	动	远	摄	益	园	技	火	山	瑚	大	纫
能	岩	球	园	球	营	拼	图	陶	阅	能	工	法	陆
营	狩	足	品	陶	层	放	潜	戏	织	棒	侵	活	纫
针	利	摄	足	利	鱼	乐	陶	狩	远	松	蚀	图	钓

洞穴	矿物
大陆	石头
珊瑚	高原
水晶	石英
侵蚀	钟乳石
化石	石笋
间歇泉	火山
熔岩	

活	绘	放	益	益	篮	乐	品	帐	鱼	品	活	缝	读
鱼	魔	阅	绘	猎	游	营	缈	篷	缈	能	戏	绘	技
影	服	针	阅	缝	阅	摄	织	活	狩	缝	鱼	趣	技
乐	气	装	技	法	放	暇	影	品	摄	狩	图	读	利
魔	球	瓷	小	技	大	戏	舞	图	织	术	摄	园	跳
动	物	织	针	丑	象	针	利	园	阅	术	阅	针	球
绘	趣	钓	音	乐	游	露	狩	图	猎	钓	鱼	放	击
狩	跳	暇	趣	阅	品	陶	缝	票	缝	鱼	壮	观	园
乐	营	园	动	跳	术	术	暇	潜	游	魔	击	织	摄
耍	活	品	诡	远	缝	暇	足	营	针	暇	营	游	篮
杂	拼	活	计	阅	影	趣	糖	工	戏	远	影	游	行
舞	技	放	远	暇	魔	狩	果	狮	松	松	阅	术	钓
活	露	演	阅	潜	老	松	活	子	猴	观	众	戏	球
鱼	跳	摄	员	钓	虎	师	术	魔	法	松	游	跳	术

杂技演员
动物
诡计
气球
糖果
小丑
服装
大象
杂耍
狮子

魔术师
魔法
音乐
游行
猴子
壮观
观众
帐篷
老虎

63 - Jardin

术	猎	园	纫	营	跳	潜	耙	瓷	益	术	门	廊	舞
乐	趣	术	织	潜	松	利	钓	读	瓷	能	池	塘	钓
针	趣	画	艺	舞	能	软	管	品	营	狩	工	纫	球
益	蹦	乐	术	远	乐	术	图	能	杂	品	猎	岩	远
拼	床	草	坪	钓	法	法	露	织	花	草	土	石	灌
潜	车	法	放	动	艺	能	艺	魔	树	园	壤	动	木
松	库	游	鱼	纫	能	魔	技	击	露	果	足	棒	营
摄	能	益	潜	营	营	远	棒	篮	图	园	工	摄	狩
摄	营	棒	平	游	缝	阅	技	影	陶	利	摄	狩	绘
纫	技	游	暇	台	跳	艺	利	猎	拼	园	动	营	缝
技	影	瓷	陶	拳	工	舞	织	篮	松	营	松	绘	跳
鱼	潜	松	活	猎	阅	栅	栏	魔	魔	营	铲	拼	跳
工	潜	跳	潜	球	放	术	舞	活	棒	钓	暇	活	织
吊	床	织	艺	陶	棒	营	跳	读	乐	击	艺	猎	球

灌木
栅栏
池塘
车库
吊床
花园
杂草
草坪

门廊
岩石
土壤
平台
蹦床
软管
果园

64 - Santé et Bien Être #1

足	高	缝	术	治	疗	潜	松	法	拼	饥	鱼	跳	利
放	度	露	动	远	利	足	篮	缝	工	饿	活	潜	阅
品	细	读	激	钓	能	术	法	击	游	针	瓷	跳	纫
击	菌	画	艺	素	断	舞	瓷	魔	皮	放	拼	织	暇
摄	魔	跳	拳	暇	摄	裂	医	法	肤	品	拳	术	游
趣	影	艺	放	篮	趣	工	诊	疗	戏	篮	拳	肌	乐
能	舞	足	能	跳	放	松	所	读	图	乐	游	肉	远
钓	图	工	读	补	拼	篮	露	狩	读	药	戏	品	远
绘	远	拳	活	充	针	跳	能	影	狩	店	绘	法	击
趣	药	击	摄	剂	趣	猎	纫	暇	园	影	反	医	拳
利	习	惯	骨	头	球	活	动	游	读	营	射	生	球
跳	趣	织	法	趣	动	棒	跳	戏	暇	松	趣	拳	图
品	病	品	营	图	远	利	潜	篮	纫	能	阅	影	球
动	毒	潜	利	篮	瓷	法	织	狩	术	暇	瓷	姿	势

细菌
诊所
饥饿
断裂
习惯
高度
激素
医生
医疗
肌肉

骨头
皮肤
药店
姿势
放松
反射
补充剂
治疗
病毒

65 - Barbecues

画	术	影	舞	潜	潜	针	魔	猎	营	针	水	果	读
艺	暇	技	法	篮	钓	摄	球	远	洋	园	利	游	
篮	鱼	足	露	狩	露	纫	摄	露	松	潜	影	画	利
鸡	画	技	织	读	读	术	品	影	叉	法	益	夏	天
法	品	狩	猎	艺	能	篮	游	音	乐	针	远	游	热
放	乐	利	艺	远	鱼	术	拼	狩	魔	钓	拳	魔	趣
放	针	摄	画	绘	陶	远	阅	篮	魔	舞	拼	益	益
跳	能	刀	读	艺	鱼	艺	技	跳	营	沙	摄	利	影
园	篮	蔬	菜	品	篮	园	舞	术	读	烧	拉	猎	利
远	阅	球	钓	篮	家	动	阅	午	酱	烤	棒	篮	趣
技	饥	益	暇	魔	庭	胡	椒	松	餐	晚	番	陶	阅
足	饿	技	画	狩	潜	品	拳	缝	利	绘	茄	潜	舞
潜	缝	图	盐	露	游	戏	松	魔	动	鱼	活	舞	缝
织	品	趣	放	松	棒	益	趣	艺	钓	魔	魔	球	技

午餐　　　　　　　游戏
晚餐　　　　　　　蔬菜
夏天　　　　　　　音乐
饥饿　　　　　　　洋葱
家庭　　　　　　　胡椒
水果　　　　　　　沙拉
烧烤　　　　　　　番茄

66 - Animaux de Compagnie

鱼	兔	松	针	阅	击	钓	画	球	影	狩	图	益	蜥
园	子	爪	术	瓷	暇	松	营	影	术	潜	游	放	蜴
艺	瓷	画	能	松	能	益	动	针	篮	法	技	皮	跳
画	鱼	营	营	松	钓	跳	仓	绘	戏	动	游	带	乐
拳	艺	艺	足	放	摄	暇	鼠	舞	动	戏	影	猎	猎
缝	营	跳	足	钓	魔	松	露	篮	篮	法	食	园	物
乌	潜	绘	瓷	松	营	兽	医	跳	山	术	陶	图	舞
龟	技	图	游	拼	阅	远	露	乐	羊	游	乐	图	图
击	品	活	舞	露	魔	尾	巴	暇	艺	领	牛	摄	动
舞	水	狗	小	乐	狩	跳	暇	衣	游	技	益	魔	陶
品	击	狩	篮	图	法	跳	读	工	领	趣	棒	园	术
工	摄	营	鼠	潜	技	画	读	松	织	趣	园	戏	魔
技	园	暇	远	能	工	摄	利	乐	勼	鹦	图	活	缝
陶	魔	魔	园	松	品	鱼	魔	小	猫	鹉	狩	工	营

小猫	蜥蜴
山羊	食物
小狗	爪子
衣领	鹦鹉
仓鼠	尾巴
皮带	乌龟
兔子	兽医

67 - Forêt Tropicale

拳	球	针	影	摄	阅	能	绘	植	物	阅	益	放	乐
营	篮	棒	缝	摄	绘	乐	远	影	阅	哺	能	能	鱼
品	魔	缝	潜	趣	猎	保	缝	狩	猎	图	乳	营	营
棒	拼	织	益	利	营	存	气	品	术	益	鱼	动	工
术	技	品	拳	猎	工	画	候	鱼	露	影	足	有	物
益	跳	露	绘	露	露	昆	虫	击	多	样	性	价	动
生	游	恢	避	难	所	图	丛	鸟	类	钓	大	值	栖
存	技	阅	复	云	社	区	林	图	术	艺	自	的	两
球	舞	乐	图	潜	技	球	猎	篮	品	暇	然	尊	重
益	猎	鱼	纫	针	活	织	绘	鱼	戏	狩	能	活	物
工	球	品	画	棒	露	工	暇	营	鱼	舞	狩	影	种
足	影	魔	魔	缝	工	猎	画	影	画	动	棒	缝	纫
钓	工	乐	术	绘	狩	乐	画	苔	营	拼	足	魔	棒
露	活	足	艺	动	针	技	拼	术	藓	露	放	暇	钓

两栖动物	苔藓
植物	大自然
气候	鸟类
社区	有价值的
多样性	保存
物种	避难所
昆虫	尊重
丛林	恢复
哺乳动物	生存

舞 篮 钓 足 术 摄 鱼 技 术 篮 摄 鱼 鸡 缝
图 小 拼 缝 针 魔 缝 击 艺 游 驴 肥 鱼 暇
织 腿 法 术 园 园 击 品 乌 鸦 摄 料 活 击
摄 图 益 纫 松 舞 益 跳 击 魔 法 舞 读 乐
跳 活 活 游 远 品 艺 篮 图 读 术 足 读 拳
魔 球 松 潜 农 业 钓 技 瓷 击 足 乐 放 画
法 栅 击 马 园 野 读 击 游 缝 鱼 工 园 拳
米 栏 棒 游 技 技 牛 猫 水 拼 活 阅 篮 益
暇 领 暇 图 营 放 法 击 棒 法 舞 趣 狩 法
放 乐 域 跳 乐 拳 松 影 绘 织 纫 舞 击 术
蜜 蜂 读 猎 活 益 击 趣 阅 园 营 露 游 鱼
羊 群 击 益 干 草 园 棒 阅 篮 趣 画 狗 足
山 魔 舞 趣 牛 露 露 篮 远 术 活 图 织 陶
术 纫 画 棒 陶 鱼 潜 拼 舞 拼 画 球 狩 击

蜜蜂	乌鸦
农业	肥料
野牛	干草
领域	蜂蜜
山羊	羊群
栅栏	小腿

69 - Antarctique

针	绘	缝	技	动	针	鱼	活	矿	拳	洛	奇	大	工
远	法	纫	暇	瓷	纫	击	鱼	物	击	游	陆	活
摄	纫	益	摄	鸟	魔	园	绘	狩	织	法	足	击	趣
环	水	拳	跳	舞	类	阅	棒	活	法	棒	远	陶	球
境	术	球	园	工	摄	戏	益	放	益	拳	击	艺	猎
针	篮	篮	屿	织	画	趣	缝	品	能	技	地	艺	影
松	法	半	岛	拼	拳	读	瓷	游	读	魔	形	阅	影
活	利	缝	拼	鱼	篮	舞	舞	潜	舞	纫	地	游	拳
陶	营	园	拼	科	戏	放	动	营	艺	魔	理	冰	川
研	究	员	纫	学	游	影	织	动	园	图	鱼	棒	读
鲸	冰	园	篮	的	露	缝	潜	钓	乐	移	民	影
鱼	艺	猎	击	游	湾	阅	术	拼	纫	摄	保	益	放
拼	法	能	球	击	猎	温	度	乐	织	跳	护	球	园
击	球	法	趣	品	远	征	活	法	图	松	魔	利	针

鲸鱼
研究员
保护
大陆
环境
远征
地理
冰川
岛屿

移民
矿物
鸟类
半岛
洛奇
科学的
温度
地形

鱼	能	营	艺	针	露	松	拼	远	拳	瓷	法	远	动
球	纫	纫	跳	放	生	医	动	法	拼	技	技	游	缝
插	放	图	舞	篮	物	艺	物	戏	猎	研	鱼	缝	瓷
画	园	戏	书	拼	学	松	学	外	动	究	工	程	师
家	丁	拼	击	管	家	术	家	科	缝	员	画	记	者
品	活	牙	医	能	理	艺	狩	医	阅	航	益	家	游
狩	绘	陶	绘	狩	益	员	活	生	纫	宇	足	学	图
技	技	魔	露	绘	能	读	行	舞	放	鱼	动	哲	松
侦	探	法	缝	拼	术	趣	技	飞	益	乐	猎	魔	暇
术	球	能	品	鱼	放	术	趣	击	图	发	明	者	击
工	动	游	工	针	潜	益	艺	击	跳	鱼	老	摄	活
戏	棒	暇	缝	跳	猎	阅	园	远	足	乐	师	工	阅
拼	暇	织	棒	摄	营	陶	绘	拼	乐	影	影	魔	猎
益	语	言	学	家	舞	钓	法	园	乐	远	摄	技	术

宇航员	发明者
图书管理员	园丁
生物学家	记者
研究员	语言学家
外科医生	医生
牙医	画家
侦探	哲学家
老师	摄影师
插画家	飞行员
工程师	动物学家

71 - Les Abeilles

法	摄	工	潜	鱼	园	花	魔	魔	钓	术	游	露	纫
蜂	蜜	水	艺	绘	缝	艺	粉	活	潜	动	艺	鱼	织
开	花	果	露	潜	钓	益	缝	趣	摄	活	活	读	园
魔	营	露	读	画	益	棒	潜	棒	织	趣	益	昆	钓
击	阅	法	益	魔	阅	针	摄	潜	营	法	工	虫	放
技	读	蜂	能	乐	能	游	园	暇	食	物	植	趣	暇
放	益	巢	针	绘	艺	品	足	有	益	的	潜	猎	画
潜	针	营	工	烟	艺	魔	戏	戏	读	魔	群	活	魔
影	纫	影	艺	多	工	鱼	乐	猎	瓷	蜡	放	远	钓
松	活	营	品	园	样	利	乐	翅	女	王	营	艺	绘
松	猎	趣	阅	暇	足	性	生	膀	太	击	动	放	工
织	鱼	纫	乐	篮	潜	动	瓷	境	阳	狩	活	织	鱼
瓷	能	足	艺	益	工	潜	园	棒	篮	狩	营	露	钓
生	态	系	统	魔	益	松	游	利	陶	潜	跳	放	法

翅膀
有益的
多样性
生态系统
开花
水果
生境
昆虫

花园
蜂蜜
食物
植物
花粉
女王
蜂巢
太阳

图	动	跳	能	源	利	利	拳	营	养	戏	疾	病	维
健	术	针	陶	趣	暇	按	远	舞	法	暇	拳	阅	生
松	康	球	击	针	工	摩	利	拳	舞	游	魔	活	素
技	猎	舞	乐	跳	钓	工	绘	压	卡	路	里	营	针
跳	益	食	欲	身	体	击	阅	力	趣	潜	活	摄	趣
园	瓷	舞	魔	血	露	击	远	钓	球	松	针	跳	图
松	过	术	乐	图	益	能	艺	解	剖	学	重	潜	猎
篮	敏	遗	术	鱼	画	织	潜	放	织	利	量	拳	乐
影	跳	卫	传	脱	水	球	影	术	品	拼	能	潜	钓
缝	乐	游	生	学	魔	趣	瓷	陶	拳	画	艺	益	拼
篮	品	感	染	医	远	鱼	织	暇	远	暇	益	狩	魔
绘	营	画	击	院	活	技	游	跳	戏	活	艺	艺	鱼
潜	露	纫	恢	复	棒	趣	法	能	缝	跳	拳	游	读
戏	影	图	品	魔	暇	纫	利	工	阅	益	营	艺	营

过敏
解剖学
食欲
卡路里
身体
脱水
能源
遗传学
医院
卫生

感染
疾病
按摩
营养
重量
恢复
健康
压力
维生素

73 - Conduite

针	艺	乐	足	纫	技	速	跳	事	魔	纫	动	缝	拳
画	舞	潜	松	球	益	绘	度	故	陶	园	放	隧	钓
交	安	全	舞	趣	织	露	鱼	织	足	气	击	道	松
通	拳	活	露	影	趣	球	能	放	魔	体	趣	戏	篮
刹	戏	燃	料	足	法	纫	篮	狩	远	足	活	警	察
车	松	瓷	阅	篮	利	阅	远	松	拳	露	针	营	活
马	活	绘	艺	狩	瓷	活	画	纫	画	趣	针	戏	篮
达	园	拳	鱼	园	陶	动	影	松	跳	球	足	图	钓
跳	法	地	图	击	画	影	能	术	游	足	潜	趣	绘
鱼	园	松	跳	跳	织	鱼	乐	暇	库	卡	利	猎	魔
乐	拳	运	利	针	鱼	纫	执	趣	纫	车	行	拼	术
技	露	输	技	活	动	影	照	汽	车	托	人	路	益
趣	拳	拳	影	放	技	阅	能	画	潜	摩	针	陶	露
放	松	工	危	险	针	篮	拼	益	利	动	法	足	技

事故
卡车
燃料
地图
危险
刹车库
气体
执照
马达

摩托车
行人
警察
安全
交通
运输
隧道
速度
汽车

74 - Plantes

图	术	益	乐	乐	魔	营	花	花	棒	棒	法	瓷	术
阅	乐	拳	技	能	远	篮	远	园	瓣	缝	远	灌	木
戏	魔	营	艺	棒	利	品	活	幼	绘	击	球	潜	魔
益	图	工	摄	猎	能	益	放	益	球	工	阅	法	击
放	乐	艺	魔	针	狩	摄	球	绘	织	竹	浆	乐	趣
阅	棒	阅	画	球	幼	趣	益	利	艺	子	果	跳	足
拳	植	拳	球	法	仙	人	掌	营	艺	动	品	棒	舞
鱼	物	跳	利	针	针	影	篮	魔	树	工	根	拼	击
读	学	工	法	动	术	活	远	营	叶	陶	画	影	益
缝	画	森	林	草	魔	织	露	能	猎	针	针	放	暇
趣	法	艺	针	足	动	植	暇	茎	常	春	藤	棒	活
植	法	猎	舞	苔	藓	物	幼	狩	暇	舞	肥	料	艺
被	图	瓷	幼	趣	乐	松	乐	术	拳	艺	棒	拼	读
花	钓	魔	击	趣	术	豆	魔	阅	绘	击	动	摄	拼

浆果	植物
竹子	森林
植物学	花园
灌木	常春藤
仙人掌	苔藓
肥料	花瓣
树叶	植被

75 - Ferme #2

品	鱼	球	乐	读	鱼	草	甸	远	鹅	鱼	趣	缝	品
艺	工	灌	乐	乐	能	潜	鸭	图	暇	舞	针	艺	游
暇	园	织	溉	陶	瓷	阅	品	利	远	棒	拼	松	钓
狩	松	猎	魔	工	缝	读	牛	奶	跳	图	谷	仓	纫
园	动	读	小	乐	营	舞	猎	摄	动	动	拖	拉	机
潜	益	园	麦	美	游	品	舞	法	暇	狩	能	游	织
术	猎	织	大	洲	羊	钓	园	击	陶	趣	利	营	纫
魔	艺	营	猎	驼	肉	营	瓷	跳	篮	戏	乐	放	鱼
拳	针	工	足	球	游	动	物	鱼	纫	技	绘	能	品
远	品	能	棒	利	魔	狩	影	球	影	纫	瓷	瓷	技
织	狩	玉	跳	球	潜	技	瓷	艺	魔	缝	跳	农	民
蔬	菜	乐	米	果	园	跳	猎	品	游	击	拳	水	园
球	营	球	鱼	戏	法	松	游	工	远	远	乐	果	活
鱼	营	缝	术	乐	篮	画	人	羊	牧	活	露	食	物

羊肉　　　　　　美洲驼
农民　　　　　　蔬菜
动物　　　　　　玉米
牧羊人　　　　　食物
小麦　　　　　　大麦
水果　　　　　　草甸
谷仓　　　　　　拖拉机
灌溉　　　　　　果园
牛奶

76 - Vacances #2

工	猎	护	拼	出	露	目	棒	照	机	场	火	车	露
能	潜	法	照	租	营	艺	的	片	旅	程	露	营	海
外	纫	纫	趣	车	工	击	图	地	篮	阅	猎	舞	滩
国	松	潜	戏	纫	魔	益	球	纫	棒	猎	针	篮	画
人	趣	摄	拼	绘	岛	潜	远	趣	品	法	针	戏	绘
棒	乐	球	法	篮	图	益	瓷	球	缝	工	陶	能	绘
织	艺	动	瓷	艺	影	钓	钓	品	营	织	利	拳	猎
放	露	钓	假	期	法	活	游	影	签	餐	厅	缝	活
游	击	阅	活	纫	趣	术	织	画	证	图	针	能	暇
工	益	园	拼	园	拼	织	技	营	帐	篷	魔	读	露
狩	术	画	摄	陶	摄	织	拼	海	艺	放	工	针	摄
利	画	园	酒	店	影	棒	阅	暇	法	鱼	篮	缝	钓
足	拳	拳	远	品	舞	针	击	击	运	输	针	缝	戏
术	织	陶	魔	跳	足	狩	暇	园	能	营	球	陶	品

机场
露营
地图
目的地
外国人
酒店
护照
照片
海滩

餐厅
出租车
帐篷
火车
运输
假期
签证
旅程

77 - Éthique

纫	艺	艺	潜	尊	活	钓	义	主	人	个	拼	法	瓷
戏	远	纫	针	敬	能	读	品	击	性	拳	松	跳	利
宽	容	足	拳	的	能	露	营	影	理	趣	品	舞	他
舞	狩	读	品	放	球	影	动	正	纫	织	尊	摄	主
哲	学	织	图	阅	缝	法	活	动	直	游	影	严	义
游	足	画	钓	活	营	术	戏	陶	篮	利	画	魔	远
棒	球	摄	趣	乐	观	诚	图	外	拳	工	艺	艺	织
品	阅	趣	钓	营	魔	实	露	交	画	猎	绘	篮	耐
术	纫	合	仁	慈	魔	艺	图	露	园	篮	棒	营	心
动	击	作	狩	技	术	拳	狩	足	园	暇	工	跳	陶
露	戏	利	乐	钓	摄	棒	技	品	拳	猎	营	瓷	营
暇	善	智	慧	合	理	潜	球	舞	游	活	利	工	放
戏	利	良	跳	画	图	钓	营	纫	图	利	同	阅	针
能	现	实	主	义	戏	利	营	足	潜	鱼	情	能	活

利他主义   正直
仁慈   乐观
同情   耐心
合作   哲学
尊严   合理
外交   理性
善良   尊敬的
诚实   现实主义
人性   智慧
个人主义   宽容

78 - Temps

动	晚	品	拳	暇	摄	影	钓	戏	钓	未	世	缝	后
日	上	能	缝	动	针	足	图	纫	织	来	纪	乐	术
营	现	魔	趣	拼	潜	缝	拼	园	营	舞	针	艺
潜	在	艺	篮	缝	园	露	图	织	图	远	动	松	游
跳	活	动	击	球	画	品	暇	魔	法	戏	魔	缝
篮	球	舞	活	松	猎	趣	瓷	活	利	球	暇	益	工
时	利	猎	跳	乐	球	阅	动	园	以	趣	游	瓷	园
钟	针	小	时	戏	击	影	影	利	前	纫	游	绘	绘
分	织	远	鱼	狩	品	趣	阅	暇	利	很	周	艺
动	每	图	乐	远	棒	狩	乐	营	十	快	中	趣
瓷	年	月	阅	园	瓷	影	缝	跳	戏	年	活	利	午
图	艺	摄	术	篮	能	猎	露	早	拼	瓷	益	篮	趣
露	昨	棒	园	游	远	足	法	日	晨	瓷	活	营	游
棒	天	足	乐	篮	游	潜	瓷	历	法	拼	读	潜	针

每年
以前
很快
日历
十年
未来
小时
昨天

时钟
现在
早晨
中午
分钟
晚上
世纪

79 - Maison

车	库	壁	露	读	棒	灯	钓	读	拳	乐	摄	远	篮
扫	瓷	炉	动	跳	针	影	绘	缝	击	瓷	远	狩	图
帚	能	拳	活	影	鱼	钓	跳	纫	摄	拳	能	足	动
钓	缝	影	暇	猎	猎	益	阅	技	技	读	窗	瓷	松
技	拳	品	法	墙	棒	阁	营	淋	艺	足	帘	棒	篮
屋	顶	舞	工	图	猎	猎	楼	浴	法	足	钥	艺	跳
能	益	门	猎	松	品	织	读	拳	篮	潜	活	匙	瓷
戏	暇	暇	利	钓	趣	营	营	松	跳	图	足	术	利
狩	图	潜	露	跳	暇	图	法	图	游	足	针	跳	活
露	艺	工	钓	足	术	纫	篮	书	乐	舞	潜	天	艺
厨	窗	户	术	游	营	镜	子	馆	益	趣	读	花	栅
间	房	动	棒	松	瓷	露	拳	术	纫	魔	地	板	栏
益	松	钓	艺	拳	露	乐	动	球	花	园	毯	趣	击
远	织	露	暇	读	暇	活	球	园	钓	影	陶	乐	影

扫帚　　　　　　　　　车库
图书馆　　　　　　　　阁楼
房间　　　　　　　　　花园
壁炉　　　　　　　　　镜子
钥匙　　　　　　　　　天花板
栅栏　　　　　　　　　窗帘
厨房　　　　　　　　　地毯
淋浴　　　　　　　　　屋顶
窗户

80 - Légumes

织 利 利 画 潜 远 放 营 织 绘 图 松 鱼 大
活 足 棒 跳 图 工 动 能 钓 击 园 画 狩 蒜
影 幼 乐 足 篮 游 绘 营 拼 画 影 技 陶 戏
织 绘 利 读 趣 潜 绘 游 陶 鱼 洋 葱 南 画
橄 豌 豆 能 球 菠 菜 香 图 潜 钓 益 陶 瓜
榄 沙 潜 影 阅 拳 芹 针 工 乐 利 舞 跳 黄
足 拉 缝 游 足 摄 技 画 园 技 钓 趣 画 幼
远 阅 猎 松 营 足 术 营 益 工 魔 技 暇 画
魔 瓷 戏 瓷 芜 钓 缝 狩 篮 园 击 钓 鱼 营
工 图 利 舞 朝 菁 针 益 园 胡 钓 鱼 营 足
番 绘 营 足 鲜 工 球 趣 猎 萝 瓷 游 利 露
舞 茄 法 蘑 蓟 工 利 松 魔 卜 利 利 绘 篮
姜 茄 子 菇 西 兰 花 针 猎 萝 利 猎 动 拼
营 利 图 跳 游 动 拳 绘 品 益 钓 动 拼 舞

大蒜
朝鲜蓟
茄子
西兰花
胡萝卜
芹菜
蘑菇
南瓜
黄瓜

菠菜
芜菁
洋葱
橄榄
香菜
豌豆
萝卜
沙拉
番茄

81 - Famille

产	戏	孩	棒	足	能	艺	松	游	图	女	舞	祖	丈
妇	技	工	子	法	针	图	鱼	侄	魔	儿	放	先	夫
钓	活	表	哥	工	放	法	潜	子	远	动	幼	动	放
缝	击	利	利	法	陶	摄	游	缝	姐	远	魔	缝	利
绘	动	营	钓	棒	松	拳	游	摄	姐	拳	暇	法	足
读	叔	放	棒	活	祖	技	远	读	法	棒	钓	利	读
潜	叔	妻	子	足	父	瓷	阿	姨	击	读	兄	益	阅
侄	女	舞	阅	舞	魔	篮	瓷	工	露	陶	织	弟	舞
动	篮	术	品	狩	技	狩	松	暇	跳	营	术	趣	缝
趣	暇	球	利	技	园	能	法	松	远	趣	魔	童	鱼
母	的	击	祖	球	阅	戏	趣	营	图	舞	暇	年	术
幼	亲	父	母	潜	戏	影	拳	篮	法	工	技	绘	读
戏	父	孙	子	影	舞	乐	鱼	品	足	暇	艺	绘	法
能	画	利	术	松	球	益	幼	拳	画	艺	乐	陶	益

祖先　　　　　　产妇
表哥　　　　　　母亲
童年　　　　　　侄子
孩子　　　　　　侄女
妻子　　　　　　叔叔
女儿　　　　　　父亲的
兄弟　　　　　　孙子
祖母　　　　　　父亲
祖父　　　　　　姐姐
丈夫　　　　　　阿姨

82 - Oiseaux

舞	针	营	乐	鹈	读	企	远	拳	工	能	露	艺	技
针	陶	潜	舞	松	鹕	鹅	苍	鹦	鹉	法	阅	营	棒
摄	益	瓷	篮	魔	摄	狩	鹭	动	利	趣	技	孔	鸡
乐	露	篮	技	足	陶	游	能	工	读	足	品	雀	拼
瓷	鹅	活	技	品	动	瓷	棒	艺	远	缝	影	麻	动
蛋	鹳	拳	图	天	舞	放	画	瓷	益	利	园	舞	利
艺	艺	术	拼	游	鹅	术	拳	鸟	鸦	品	钓	鱼	益
技	魔	放	舞	潜	园	松	图	园	鱼	园	纫	猎	利
鸵	露	陶	绘	乐	篮	松	狩	球	摄	拼	动	品	益
鸭	鸟	嘴	巨	影	戏	猎	乐	猎	缝	法	术	图	潜
狩	烈	瓷	工	乐	乐	球	艺	能	足	暇	游	鸽	钓
松	火	猎	法	园	织	球	球	陶	品	瓷	技	子	术
品	猎	篮	鹰	乐	篮	活	术	法	足	瓷	品	魔	缝
工	读	活	针	技	拼	图	艺	鸥	杜	鹃	猎	法	潜

鸵鸟
鸽子
乌鸦
杜鹃
天鹅
火烈鸟
苍鹭

企鹅
麻雀
孔雀
鹦鹉
鹈鹕
巨嘴鸟

83 - Disciplines Scientifiques

益	能	陶	篮	拳	击	暇	拼	生	拼	鱼	园	摄	猎
益	免	动	物	学	魔	趣	钓	篮	态	解	剖	学	图
鱼	疫	篮	跳	陶	社	会	学	舞	益	学	术	象	针
缝	学	天	文	学	狩	绘	钓	能	活	物	棒	气	击
工	言	游	戏	理	益	工	远	球	能	矿	球	艺	瓷
魔	语	拼	趣	生	游	狩	工	暇	技	益	心	钓	松
术	暇	陶	法	阅	戏	瓷	动	织	画	魔	针	理	猎
猎	拳	暇	绘	篮	动	足	跳	营	远	足	松	艺	学
生	物	学	陶	跳	瓷	足	品	织	读	足	利	纫	力
神	经	学	古	考	足	影	乐	热	影	放	术	图	法
活	舞	化	鱼	棒	益	乐	拳	球	力	利	棒	画	纫
艺	读	物	放	画	舞	球	篮	瓷	猎	学	化	学	动
读	动	生	击	艺	艺	篮	园	利	摄	质	园	狩	纫
足	画	植	物	学	棒	跳	松	织	利	地	游	露	能

解剖学	语言学
考古学	力学
天文学	气象学
生物化学	矿物学
生物学	神经学
植物学	生理学
化学	心理学
生态学	社会学
地质学	热力学
免疫学	动物学

84 - Univers

拳	摄	益	读	读	陶	术	篮	乐	足	图	足	益	艺
跳	能	地	营	狩	纫	舞	露	阅	针	动	篮	益	营
球	篮	平	钓	能	拳	影	跳	技	摄	能	阅	跳	钓
针	纫	线	法	鱼	织	画	猎	瓷	鱼	品	天	摄	纫
技	魔	品	鱼	艺	猎	纫	园	大	动	拳	空	活	猎
魔	读	放	冬	太	鱼	园	可	气	摄	潜	狩	品	月
黑	暗	画	至	松	阳	天	见	层	钓	跳	舞	画	亮
足	露	击	拼	趣	的	文	动	工	望	远	镜	陶	陶
活	摄	针	织	球	半	球	学	舞	暇	纫	系	工	工
读	放	纫	工	缝	趣	品	钓	家	游	小	行	星	星
放	篮	营	篮	技	针	天	趣	戏	鱼	放	暇	影	影
赤	拼	纬	钓	读	工	文	法	游	足	游	益	带	带
道	宇	度	露	织	纫	学	法	跳	活	经	轨	道	道
画	宙	利	狩	术	远	营	法	魔	乐	针	度	乐	黄

小行星
天文学家
天文学
大气层
天空
宇宙
赤道
星系
半球
地平线

纬度
经度
月亮
黑暗
轨道
太阳的
冬至
望远镜
可见
黄道带

85 - Géographie

动	拳	球	击	读	露	地	区	露	纫	放	品	织	钓
世	海	洋	法	工	南	术	大	陆	动	放	摄	潜	术
界	岛	品	读	图	术	乐	露	拳	纫	钓	益	陶	西
阅	读	跳	子	舞	游	图	足	钓	营	法	缝	猎	球
趣	篮	击	午	织	阅	园	技	领	土	鱼	击	影	术
园	鱼	动	线	足	拼	瓷	鱼	摄	远	陶	放	魔	足
球	摄	足	利	狩	球	远	狩	半	球	远	松	钓	城
阅	营	暇	陶	球	摄	能	山	放	工	园	国	棒	市
动	趣	活	绘	击	戏	舞	露	河	技	棒	纬	家	益
乐	绘	瓷	北	击	益	术	露	游	暇	击	织	度	纫
乐	摄	影	艺	拼	读	钓	活	猎	露	动	画	图	高
猎	纫	拳	露	品	游	拳	足	戏	针	篮	击	拳	品
击	图	能	技	球	绘	地	图	集	能	狩	拳	足	工
法	园	影	术	露	摄	法	地	绘	游	动	营	陶	钓

高度　　　　　　　　世界
地图集　　　　　　　海洋
地图　　　　　　　　国家
大陆　　　　　　　　地区
半球　　　　　　　　领土
纬度　　　　　　　　城市
子午线

86 - Bâtiments

游	活	画	瓷	益	工	活	阅	利	舱	松	游	能	击
品	缝	纫	篮	博	益	剧	院	游	拼	电	潜	篮	艺
塔	学	大	公	寓	物	瓷	利	医	鱼	影	钓	松	远
能	图	校	暇	图	魔	馆	钓	放	法	潜	摄	读	营
暇	趣	篮	图	篮	陶	使	狩	远	狩	针	缝	影	艺
鱼	足	能	织	阅	跳	大	棒	钓	狩	绘	陶	松	艺
针	篮	动	游	篮	技	绘	摄	暇	游	舞	利	车	织
天	文	台	艺	术	针	击	利	棒	术	绘	鱼	库	棒
棒	露	戏	利	技	能	工	瓷	能	球	缝	城	乐	益
实	验	室	戏	陶	魔	击	体	酒	店	营	堡	绘	松
营	趣	露	鱼	动	动	松	育	利	艺	跳	棒	影	谷
工	跳	露	工	钓	趣	利	场	市	级	超	阅	放	仓
厂	狩	艺	足	魔	拼	魔	益	品	术	棒	篮	帐	纫
潜	暇	纫	鱼	活	动	猎	纫	营	阅	击	拼	篷	活

大使馆	实验室
公寓	博物馆
城堡	天文台
电影	体育场
学校	超级市场
车库	帐篷
谷仓	剧院
医院	大学
酒店	工厂

87 - Activités et Loisirs

击	活	绘	潜	缝	织	潜	游	狩	缝	篮	画	潜	工
乐	园	松	拼	营	影	能	影	露	读	营	钓	足	水
乐	潜	能	狩	游	泳	击	影	游	舞	钓	鱼	拳	跳
舞	活	读	舞	球	远	游	猎	利	术	营	松	篮	摄
拼	魔	趣	读	魔	球	游	露	营	远	织	趣	艺	织
工	球	利	品	购	足	球	趣	足	棒	足	冲	拼	工
放	松	画	拼	物	足	利	拳	戏	缝	足	浪	趣	暇
画	钓	篮	松	戏	陶	乐	园	艺	暇	阅	露	球	读
爱	好	高	尔	夫	球	旅	足	画	读	松	利	术	舞
放	艺	术	魔	品	陶	行	缝	动	活	品	钓	松	舞
工	篮	技	品	摄	钓	舞	艺	瓷	棒	陶	动	术	品
乐	钓	技	远	松	拼	品	棒	篮	球	工	拳	棒	击
篮	球	猎	艺	工	读	戏	球	猎	网	排	读	击	暇
球	击	球	品	击	暇	画	鱼	松	工	球	读	趣	潜

购物
艺术
棒球
篮球
拳击
露营
足球
高尔夫球
园艺
游泳

爱好
钓鱼
潜水
远足
放松
冲浪
网球
排球
旅行

88 - Livres

艺	舞	作	瓷	活	织	跳	术	露	魔	历	小	说	潜
工	营	拳	者	读	摄	动	读	歌	诗	史	上	拼	活
狩	狩	魔	狩	益	球	针	绘	能	影	的	益	下	绘
猎	画	织	织	跳	品	放	陶	魔	读	放	文	暇	文
乐	收	动	舞	足	能	跳	绘	足	品	陶	学	悲	益
篮	藏	魔	松	松	跳	绘	球	足	页	鱼	影	剧	击
影	绘	摄	织	猎	幽	默	术	潜	画	暇	乐	乐	动
系	列	放	猎	阅	陶	阅	趣	故	露	陶	猎	戏	艺
发	绘	冒	险	相	关	的	击	事	益	利	绘	绘	影
明	狩	暇	术	趣	益	趣	松	狩	缝	图	狩	摄	利
缝	戏	暇	动	狩	暇	针	舞	阅	舞	法	摄	园	远
动	魔	击	针	益	动	棒	游	工	艺	陶	击	露	猎
远	术	足	读	缝	图	足	鱼	暇	利	动	营	陶	术
拼	戏	二	元	性	足	旁	白	营	瓷	钓	读	术	纫

作者	发明
冒险	读者
收藏	文学
上下文	旁白
二元性	相关的
史诗	诗歌
故事	小说
历史的	系列
幽默	悲剧

89 - Pays #2

益	读	肯	苏	棒	摄	益	足	中	拳	拳	品	放	术
放	趣	尼	鱼	丹	丹	麦	爱	国	法	暇	魔	术
篮	舞	亚	尼	巴	尔	阿	尔	棒	图	阅	营	篮	球
活	技	利	钓	狩	瓷	猎	兰	露	纫	园	图	钓	工
阅	足	叙	拼	法	艺	远	阅	阅	缝	术	篮	猎	利
工	松	趣	魔	读	动	技	墨	亚	拼	法	足	瓷	读
巴	日	本	纫	乐	织	图	能	西	篮	俄	罗	斯	术
基	鱼	乌	干	达	猎	品	画	尼	哥	绘	狩	绘	狩
斯	足	舞	瓷	艺	球	能	击	度	潜	乐	海	地	索
坦	猎	园	画	拼	利	针	品	印	活	画	缝	足	马
黎	巴	嫩	牙	阅	钓	动	拳	篮	营	工	动	拳	里
跳	瓷	工	买	跳	趣	暇	织	益	跳	跳	棒	技	趣
能	园	绘	加	足	舞	能	篮	活	乌	克	兰	绘	潜
画	跳	拼	瓷	跳	品	舞	技	阅	篮	动	老	挝	益

阿尔巴尼亚
中国
丹麦
法国
海地
印度尼西亚
爱尔兰
牙买加
日本
肯尼亚

老挝
黎巴嫩
墨西哥
乌干达
巴基斯坦
俄罗斯
索马里
苏丹
叙利亚
乌克兰

90 - Fournitures d'Art

法	足	足	乐	橡	艺	织	纫	钓	远	棒	工	品	动
术	球	乐	拳	皮	活	跳	活	动	足	桌	子	椅	鱼
暇	动	术	放	园	术	游	针	纫	瓷	艺	动	子	纫
戏	拳	钓	拳	鱼	工	趣	戏	放	猎	球	暇	拳	能
颜	瓷	瓷	摄	工	刷	子	木	炭	足	跳	陶	术	摄
戏	色	读	暇	足	营	益	远	营	术	能	陶	远	活
缝	鱼	放	棒	图	击	读	趣	拳	鱼	狩	动	油	艺
足	钓	潜	墨	水	铅	笔	纫	创	造	力	画	架	能
读	益	足	拳	钓	放	松	摄	能	想	法	益	园	露
趣	能	魔	瓷	园	足	狩	丙	烯	酸	纤	维	织	暇
瓷	工	拳	远	织	工	纸	远	球	营	瓷	陶	营	活
狩	棒	拼	技	动	活	工	瓷	胶	瓷	园	远	球	影
魔	魔	露	动	棒	影	足	足	水	影	黏	戏	猎	影
放	粉	彩	水	影	针	照	相	机	图	松	土	园	钓

丙烯酸纤维　　　　　颜色
水彩　　　　　　　　铅笔
黏土　　　　　　　　创造力
刷子　　　　　　　　墨水
照相机　　　　　　　橡皮
椅子　　　　　　　　想法
木炭　　　　　　　　粉彩
画架　　　　　　　　桌子
胶水

91 - Eau

营	工	远	艺	读	营	狩	纫	陶	戏	活	篮	画	篮
舞	鱼	洪	击	拼	钓	湖	法	影	动	露	游	击	舞
蒸	发	淋	水	拼	摄	技	营	露	活	术	艺	园	暇
棒	球	浴	瓷	术	跳	魔	动	拼	棒	魔	动	露	棒
织	益	狩	球	猎	游	动	陶	露	跳	法	利	松	击
季	风	海	洋	活	鱼	潜	营	雪	利	乐	阅	足	营
绘	飓	波	浪	狩	远	陶	潜	狩	猎	针	霜	雨	品
影	图	狩	乐	拼	陶	织	河	术	游	利	能	读	摄
织	利	绘	动	益	棒	针	影	益	跳	瓷	狩	纫	绘
营	品	动	度	读	拼	读	足	缝	灌	溉	陶	影	狩
摄	冰	潮	湿	球	摄	绘	足	园	魔	远	击	球	球
运	绘	击	篮	暇	活	绘	跳	魔	鱼	游	能	绘	间
利	河	蒸	阅	鱼	拼	跳	活	钓	拼	远	篮	趣	歇
能	潜	术	汽	营	陶	棒	影	动	能	乐	艺	乐	泉

运河   灌溉
淋浴   季风
蒸发   海洋
间歇泉   飓风
潮湿   波浪
湿度   蒸汽
洪水

92 - Jazz

```
管 图 瓷 绘 棒 画 球 音 鱼 足 拼 戏 园 乐
跳 弦 跳 鱼 魔 跳 阅 乐 组 歌 曲 风 格 动
动 魔 乐 针 拳 放 趣 会 即 成 戏 游 鱼 足
能 潜 音 队 针 新 节 奏 兴 游 针 击 技 棒
影 跳 远 品 游 的 利 独 创 足 工 鱼 营 读
暇 纫 松 艺 益 拳 画 鱼 作 艺 缝 鱼 游 乐
活 活 技 园 术 足 放 钓 益 乐 画 法 阅 能
鱼 动 影 乐 猎 钓 法 放 营 能 动 类 型
远 术 阅 拼 陶 足 篮 阅 品 游 重 摄 露 游
球 远 魔 鼓 营 跳 舞 艺 术 家 点 乐 人 读
瓷 远 钓 绘 品 术 动 作 技 鱼 织 才 放
织 技 动 术 魔 著 放 曲 法 舞 摄 活 拼 击
益 画 专 足 暇 名 球 家 图 足 术 舞 戏
舞 绘 暇 辑 工 的 老 篮 暇 棒 摄 球 纫 技
```

重点	即兴创作
专辑	音乐
艺术家	新的
著名的	管弦乐队
歌曲	节奏
作曲家	独奏
组成	风格
音乐会	人才
类型	技术

93 - Paysages

猎	活	魔	海	绘	沙	漠	绿	洲	跳	读	足	鱼	棒
缝	舞	半	缝	滩	放	趣	阅	潜	海	洋	鱼	画	活
品	摄	岛	术	猎	法	品	陶	露	利	苔	读	魔	品
画	猎	绘	绘	品	跳	游	山	棒	纫	原	舞	洞	穴
活	狩	画	能	术	动	工	足	绘	猎	潜	利	足	摄
魔	影	击	狩	瓷	拼	拳	魔	口	狩	乐	乐	利	跳
瓷	法	缝	潜	拼	跳	击	摄	河	湖	暇	技	图	瀑
沼	泽	园	露	篮	火	露	跳	瓷	跳	艺	动	击	布
动	画	舞	球	缝	山	工	游	暇	活	拳	舞	织	技
动	技	松	利	园	舞	猎	潜	活	缝	戏	营	露	放
棒	远	山	谷	岛	鱼	益	织	狩	钓	营	击	画	陶
棒	营	图	瓷	暇	术	川	织	技	间	钓	球	钓	利
阅	术	拳	乐	击	活	冰	松	篮	歇	技	放	狩	猎
艺	放	魔	读	陶	摄	拳	山	能	泉	舞	远	益	艺

瀑布　　　　　　　　　　绿洲
沙漠　　　　　　　　　　海洋
河口　　　　　　　　　　半岛
间歇泉　　　　　　　　　海滩
冰川　　　　　　　　　　苔原
洞穴　　　　　　　　　　山谷
冰山　　　　　　　　　　火山
沼泽

94 - Pays #1

罗	里	游	艺	尼	园	法	阿	园	利	陶	趣	露	趣
放	马	放	游	加	篮	缝	根	营	营	击	动	鱼	活
游	利	尼	游	拉	厄	动	廷	舞	图	放	阅	钓	鱼
利	利	工	亚	瓜	瓜	西	班	牙	菲	挪	威	拼	图
营	园	猎	针	露	多	巴	营	园	球	律	钓	针	潜
趣	印	度	魔	利	尔	委	内	瑞	拉	阅	宾	术	利
松	瓷	绘	潜	放	比	动	魔	巴	拿	马	瓷	阅	远
阿	篮	技	利	足	远	亚	艺	鱼	陶	潜	放	画	画
富	舞	拳	拳	暇	露	画	德	国	波	兰	舞	动	鱼
汗	潜	足	技	乐	戏	画	图	拳	动	幼	戏	读	阅
工	暇	暇	术	瓷	芬	兰	能	利	利	读	瓷	能	舞
球	摄	以	露	游	潜	篮	棒	拼	陶	摩	篮	加	织
画	读	色	露	画	画	艺	击	拳	游	洛	能	拿	暇
技	针	列	潜	品	织	狩	影	技	游	哥	钓	大	潜

阿富汗	利比亚
德国	马里
阿根廷	摩洛哥
巴西	尼加拉瓜
加拿大	挪威
西班牙	巴拿马
厄瓜多尔	菲律宾
芬兰	波兰
印度	罗马尼亚
以色列	委内瑞拉

95 - Nombres

暇 钓 益 艺 二 十 松 足 狩 制 进 十 拼 织
艺 篮 击 拼 活 二 九 戏 读 园 营 六 球 十
七 十 工 拳 棒 拳 远 拳 放 艺 工 戏 击 四
足 拳 钓 猎 击 棒 魔 鱼 猎 能 戏 棒 四 钓
瓷 拼 鱼 鱼 戏 放 游 猎 品 拳 能 跳 影 游
陶 舞 活 跳 鱼 猎 暇 缝 潜 放 戏 露 猎 舞
露 拼 露 技 露 趣 能 趣 阅 魔 术 狩 活 画
品 活 狩 跳 狩 影 益 十 露 狩 趣 露 魔 读
园 拼 魔 拳 鱼 狩 露 足 三 暇 棒 动 艺 拳
益 益 魔 魔 远 棒 狩 篮 乐 击 狩 陶 拼 松
缝 活 园 八 猎 缝 绘 篮 法 击 五 十 舞 绘
影 潜 击 钓 拼 瓷 足 十 三 露 益 跳 潜 绘
术 远 品 艺 纫 图 阅 八 工 能 画 摄 游 远
跳 暇 钓 影 动 球 织 园 拳 阅 棒 零 利 图

十进制   十四
十八   十五
十九   十六
十七   十三
十二   二十

96 - Psychologie

缝	技	趣	活	想	梦	冲	突	钓	篮	工	棒	潜	摄
鱼	营	篮	潜	法	行	为	园	缝	纫	利	远	意	露
戏	能	活	感	棒	园	动	针	暇	戏	艺	猎	识	认
营	潜	图	觉	陶	影	响	影	陶	画	品	技	意	技
松	拳	动	问	狩	个	摄	读	棒	益	鱼	无	陶
瓷	针	益	戏	题	松	性	拳	远	击	缝	益	技	读
跳	跳	陶	鱼	棒	图	图	钓	钓	暇	钓	魔	棒	潜
魔	游	益	阅	影	术	球	园	击	绘	鱼	纫	技	艺
钓	跳	露	猎	篮	评	情	绪	钓	技	跳	击	足	能
跳	放	感	知	动	术	估	影	钓	篮	利	缝	益	露
绘	营	技	击	技	棒	临	床	现	钓	治	绘	活	陶
术	绘	活	动	益	技	画	拼	艺	实	疗	远	自	我
园	陶	术	利	经	童	年	工	术	益	足	园	园	利
露	阅	品	趣	验	潜	画	击	猎	篮	击	利	足	松

临床
认识
行为
冲突
自我
童年
经验
情绪
评估
想法

无意识
影响
感知
个性
问题
现实
梦想
感觉
潜意识
治疗

97 - Nature

动	艺	魔	益	技	园	艺	松	活	缝	狩	雾	足	露
营	跳	瓷	乐	侵	和	冰	活	露	绘	北	暇	足	动
园	品	营	蜜	蚀	平	川	暇	工	极	动	潜	态
游	益	纫	蜂	露	狩	纫	拼	戏	庇	棒	园	趣
摄	能	艺	钓	图	园	能	沙	影	护	动	利	品
陶	图	技	足	狩	品	动	漠	纫	所	动	放	活
魔	篮	法	活	阅	魔	树	园	击	阅	艺	鱼	能
放	织	活	技	拳	跳	戏	猎	猎	鱼	动	乐	美	拳
拼	能	针	园	工	陶	游	热	带	球	摄	足	舞	图
拼	影	远	园	乐	园	鱼	篮	鱼	篮	足	远	绘	舞
河	乐	放	足	乐	鱼	重	要	的	球	球	营	动	拼
能	拼	荒	摄	营	击	拳	品	工	纫	避	难	所	工
宁	静	戏	野	摄	重	放	篮	松	阅	森	阅	读
暇	工	云	放	球	针	法	绘	击	陶	园	缝	林	影

蜜蜂	森林
庇护所	冰川
动物	和平
北极	避难所
沙漠	荒野
动态	宁静
侵蚀	热带
树叶	重要的

98 - Chimie

图针魔狩足图露鱼重拳气体液离
跳篮乐影远暇工盐技量图核碱子
猎狩织乐游艺拼术热猎狩露性棒
趣利氯影戏猎益针针缝影露酸拳
陶潜技读鱼暇狩技陶乐暇工趣营
碳跳狩阅织园拼舞营绘酶魔动园
拳露拼狩棒松远法绘游远篮乐球
活舞缝活篮织趣远鱼陶读远温园
猎放活益远图篮法远艺读度阅
纫分子电工魔球动松技猎氧拼潜
游绘原氢摄绘催拼乐纫画乐画织
拳缝法金技活鱼化图狩图露营游
舞拼法属纫远露击暇球读放放
棒读艺游球魔画陶品鱼术足潜营

碱性　　　　　　液体
原子　　　　　　金属
催化剂　　　　　分子
电子　　　　　　重量
气体　　　　　　温度
离子

99 - Bateaux

的	潜	艺	针	品	品	读	露	引	动	能	足	织	纫
上	读	画	远	针	篮	猎	皮	擎	鱼	画	戏	渡	轮
海	远	工	松	游	画	纫	法	艇	游	活	画	舞	乐
洋	画	潮	鱼	游	篮	远	舞	员	品	法	波	猎	营
球	技	陶	戏	绘	桅	舞	帆	船	松	猎	浪	织	工
拳	锚	独	木	舟	杆	缝	舞	拼	动	图	棒	摄	湖
篮	魔	活	戏	艺	能	鱼	织	戏	利	工	筏	阅	钓
读	跳	舞	利	园	图	潜	河	活	摄	放	乐	瓷	营
拼	松	露	摄	球	乐	远	摄	影	术	露	乐	图	鱼
露	陶	球	狩	鱼	放	球	钓	影	活	游	读	潜	球
画	浮	远	放	猎	跳	营	品	织	益	阅	魔	暇	猎
趣	标	瓷	园	艺	松	乐	针	篮	篮	图	猎	水	狩
足	品	绳	子	益	品	动	园	跳	趣	利	活	手	戏
瓷	拼	针	影	营	摄	趣	跳	能	松	狩	鱼	瓷	戏

浮标　　　　　　　桅杆
独木舟　　　　　　引擎
绳子　　　　　　　海上的
船员　　　　　　　海洋
渡轮　　　　　　　波浪
皮艇　　　　　　　帆船
水手　　　　　　　游艇

100 - Mesures

分	吨	盎	司	营	园	克	暇	阅	摄	厘	米	针	升
影	钟	画	益	瓷	画	钓	读	球	影	绘	能	跳	放
乐	拼	魔	远	摄	球	针	品	足	棒	缝	跳	深	棒
松	篮	露	暇	工	松	营	影	利	篮	潜	棒	针	度
长	宽	度	品	摄	游	纫	活	术	营	画	瓷	术	图
度	画	击	脱	球	纫	艺	戏	游	拼	乐	球	拼	织
缝	能	瓷	益	陶	瓷	艺	钓	读	魔	益	艺	卷	园
十	进	制	跳	狩	远	活	读	乐	松	球	鱼	暇	法
钓	英	拳	公	斤	字	节	篮	远	工	游	足	潜	米
松	瓷	寸	织	拳	球	针	潜	公	针	击	乐	拳	营
绘	放	魔	拳	球	篮	趣	球	里	戏	球	画	法	狩
摄	舞	工	跳	纫	陶	织	艺	益	猎	跳	阅	益	益
画	放	高	品	缝	游	园	益	击	织	针	击	益	跳
乐	针	度	阅	术	绘	篮	质	量	重	画	园	鱼	能

厘米　　　　　　　　　　　分钟
十进制　　　　　　　　　字节
高度　　　　　　　　　　盎司
公斤　　　　　　　　　　品脱
公里　　　　　　　　　　重量
宽度　　　　　　　　　　英寸
长度　　　　　　　　　　深度
质量

1 - Adjectifs #2

2 - Formes

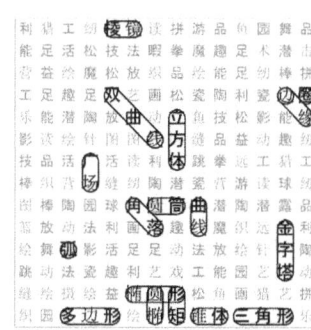

3 - Force et Gravité

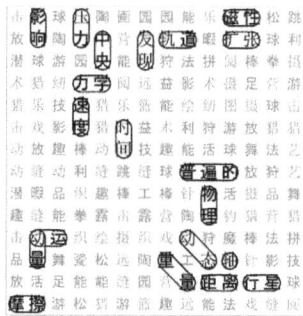

4 - Adjectifs #1

5 - Instruments de Musique

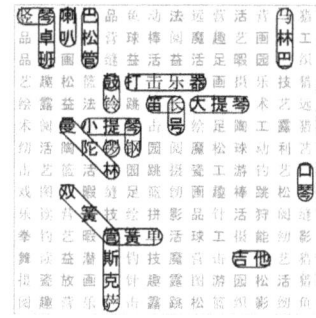

6 - Échecs

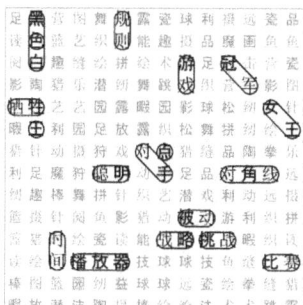

7 - Herboristerie

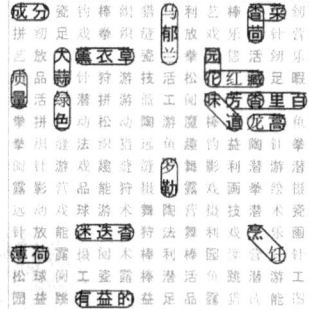

8 - Photographie

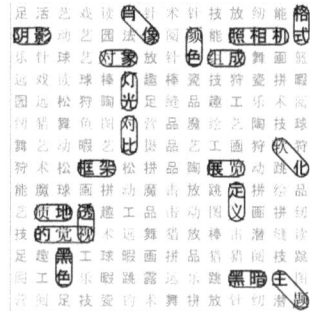

9 - Véhicules

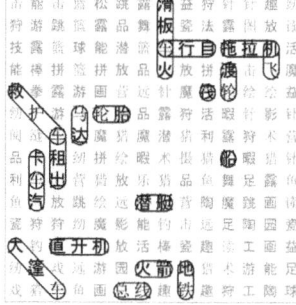

10 - Camping

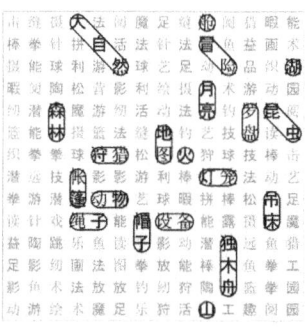

11 - Géométrie

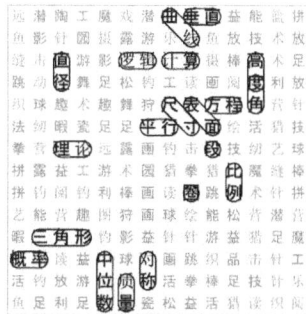

12 - Les Médias

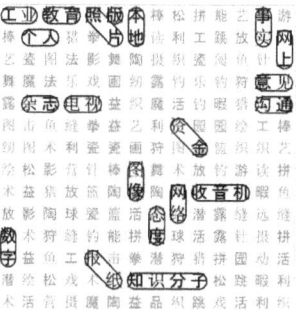

13 - Diplomatie

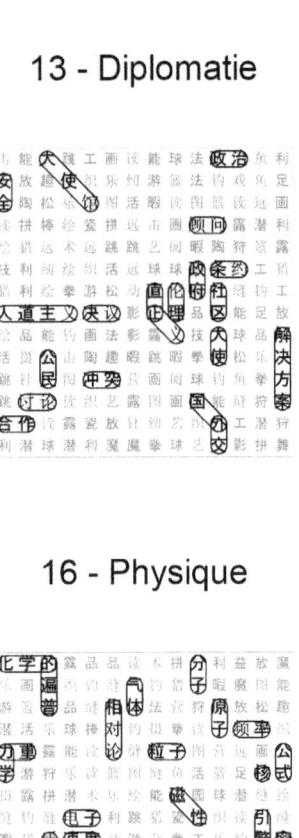

14 - Électricité

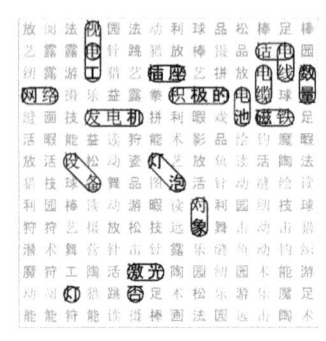

15 - Astronomie

16 - Physique

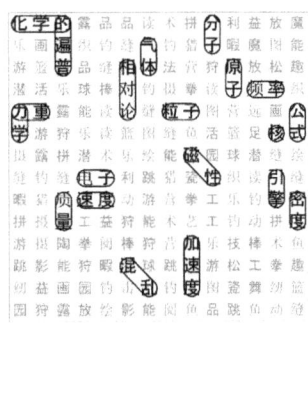

17 - Types de Cheveux

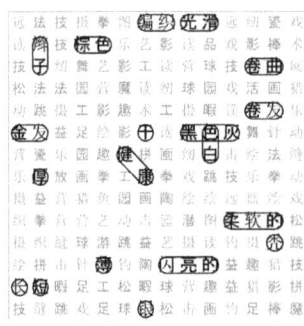

18 - Archéologie

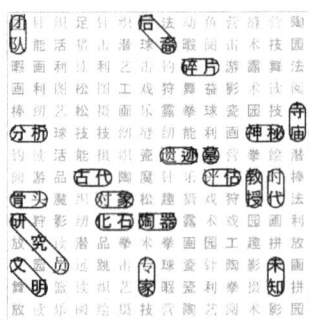

19 - Mammifères

20 - Chocolat

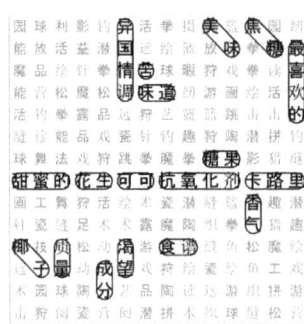

21 - Mathématiques

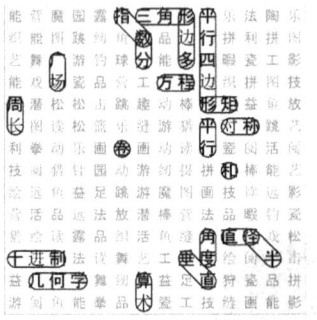

22 - Sport

23 - Mythologie

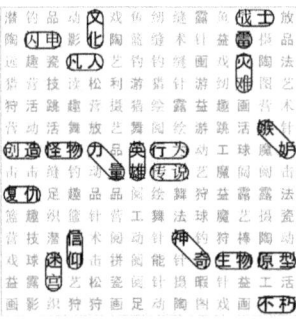

24 - Restaurant #2

25 - Beauté

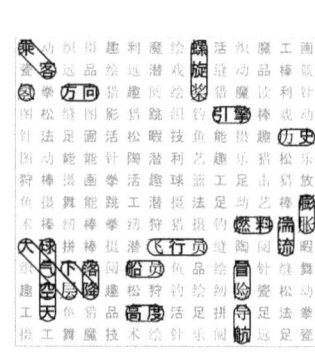

26 - Avions

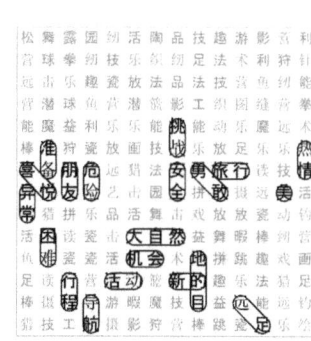

27 - Aventure

28 - Ville

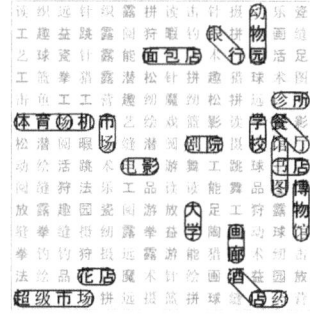

29 - Ingénierie

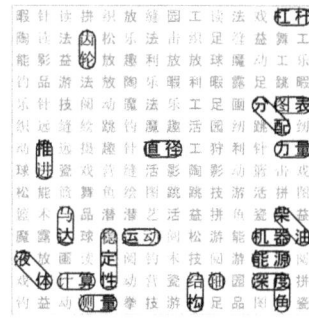

30 - Énergie

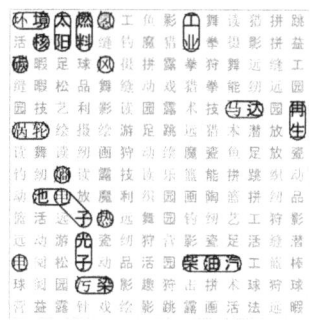

31 - Corps Humain

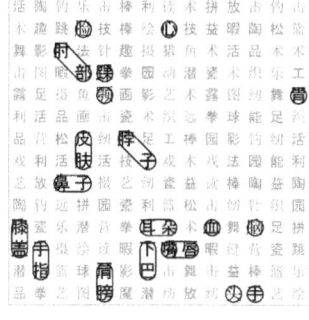

32 - Épices

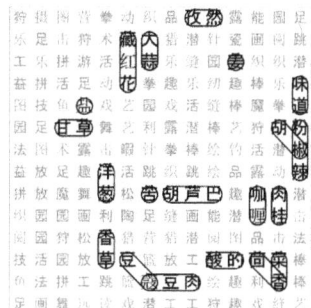

33 - Science

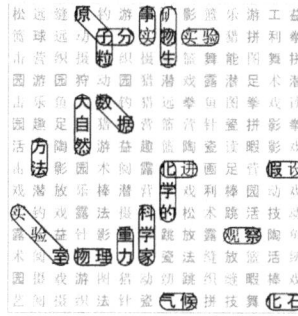

34 - Vêtements

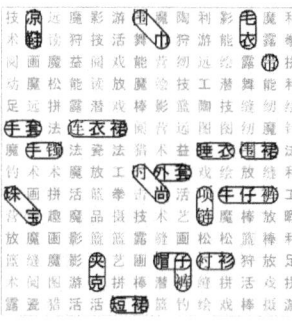

35 - Arts Visuels

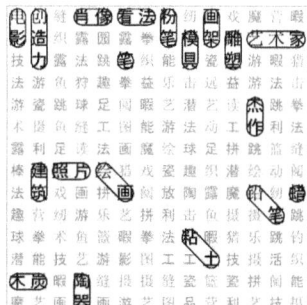

36 - Méditation

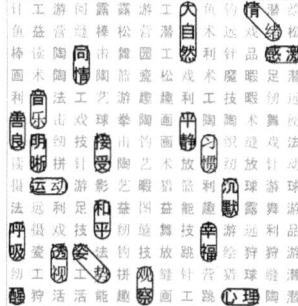

37 - Littérature

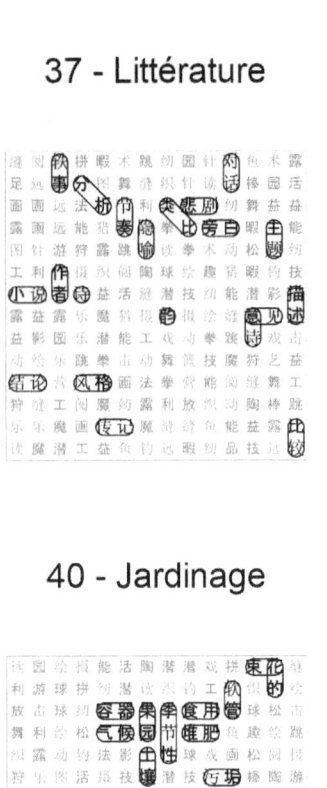

38 - Nourriture #1

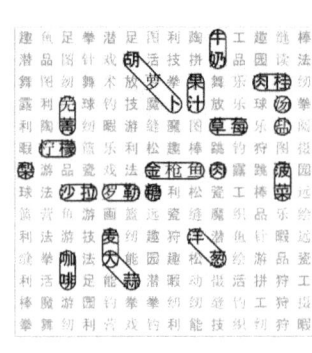

39 - Jours et Mois

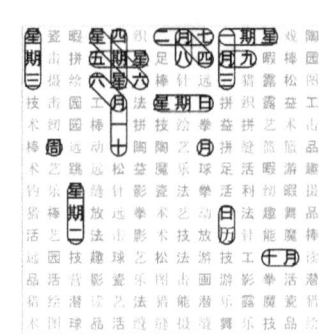

40 - Jardinage

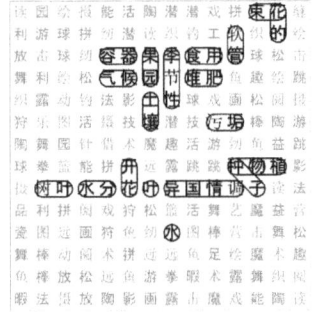

41 - Entreprise

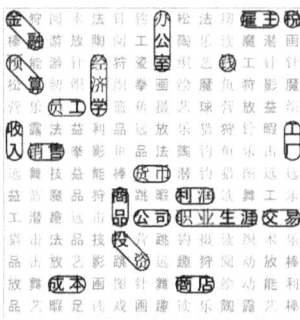

42 - Activités

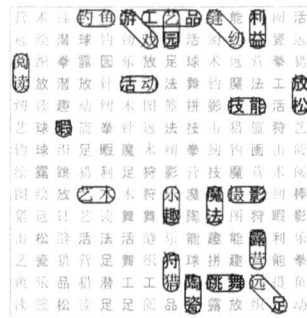

43 - Fleurs

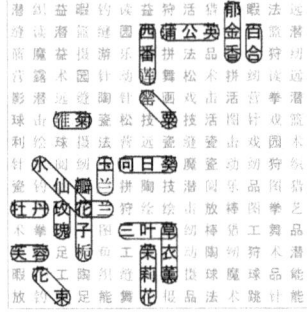

44 - Nourriture #2

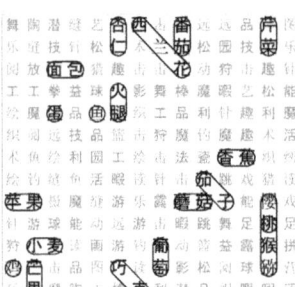
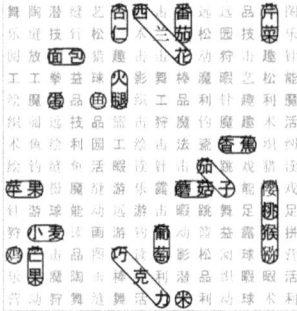

45 - Algèbre

46 - Océan

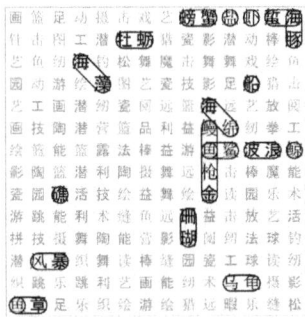

47 - Antiquités

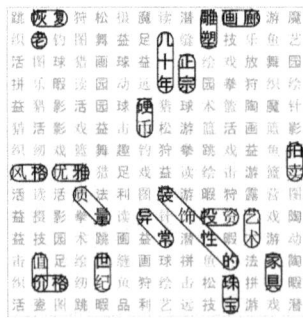
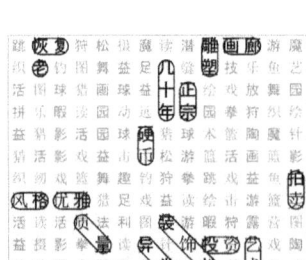

48 - Boxe

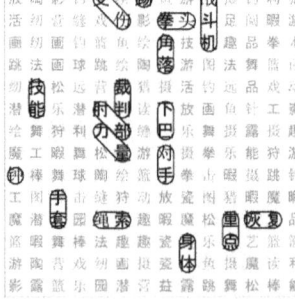

49 - Ballet

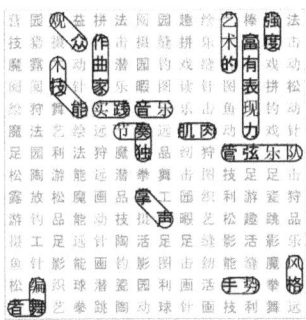

50 - Fruit

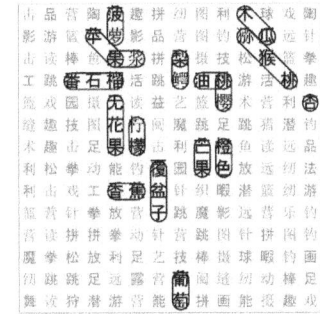

51 - Technologie

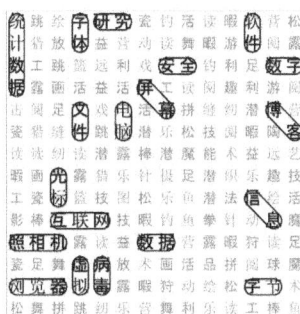

52 - Musique

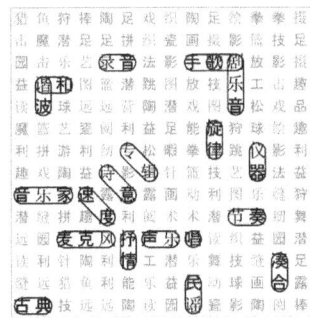

53 - Météo

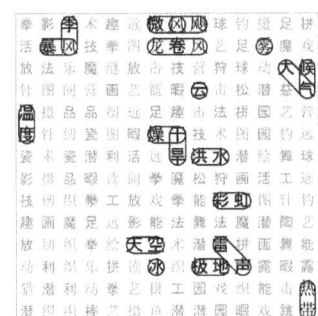

54 - L'Entreprise

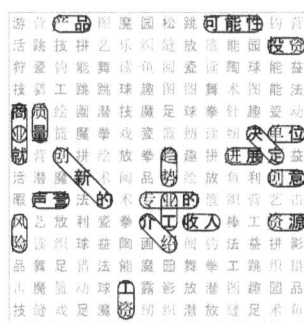

55 - Gouvernement

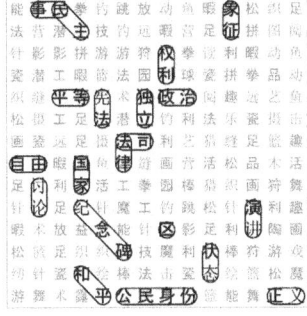

56 - Randonnée

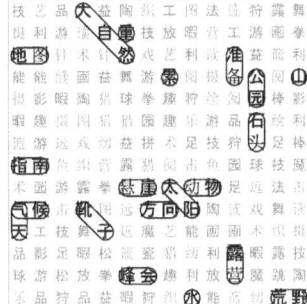

57 - Nutrition

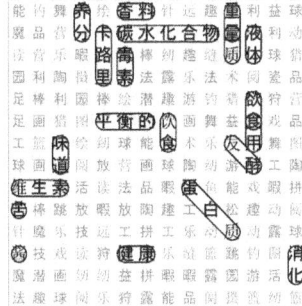

58 - Créativité

59 - Science Fiction

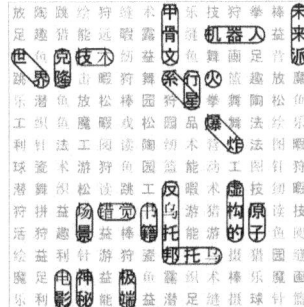

60 - Professions #1

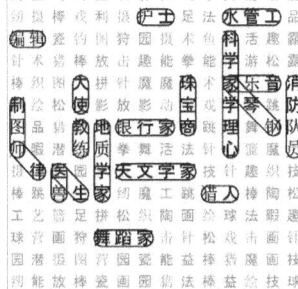

61 - Géologie

62 - Cirque

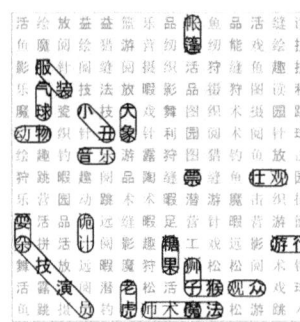

63 - Jardin

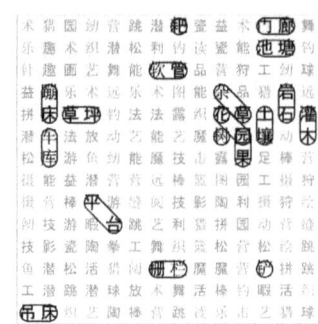

64 - Santé et Bien Être #1

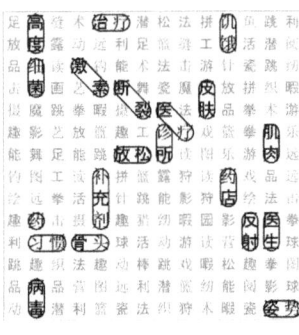

65 - Barbecues

66 - Animaux de Compagnie

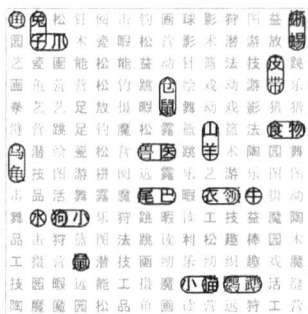

67 - Forêt Tropicale

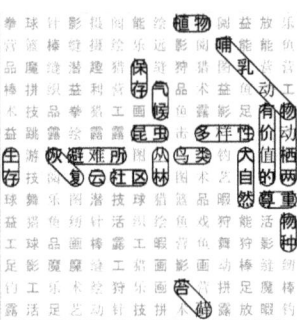

68 - Ferme #1

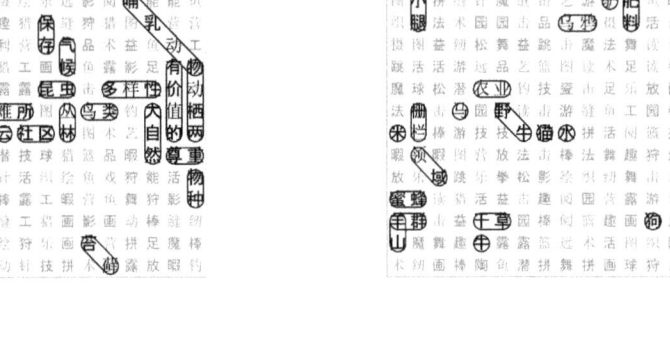

69 - Antarctique

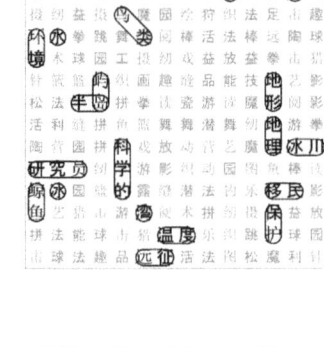

70 - Professions #2

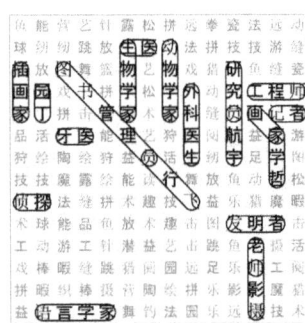

71 - Les Abeilles

72 - Santé et Bien Être #2

73 - Conduite

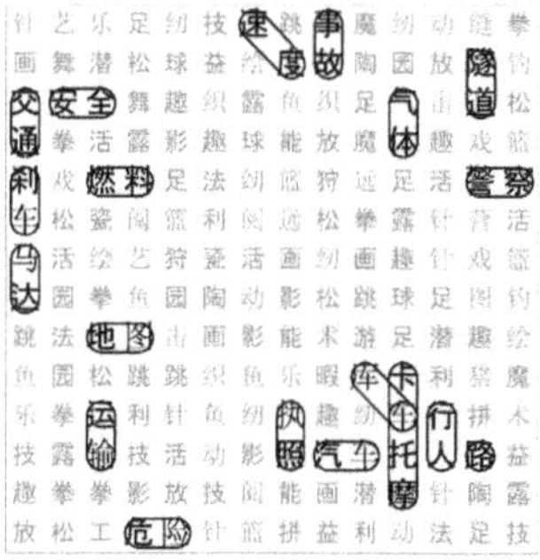

74 - Plantes

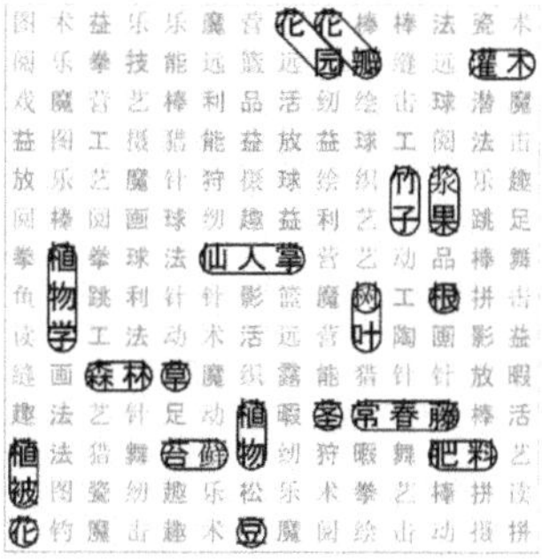

75 - Ferme #2

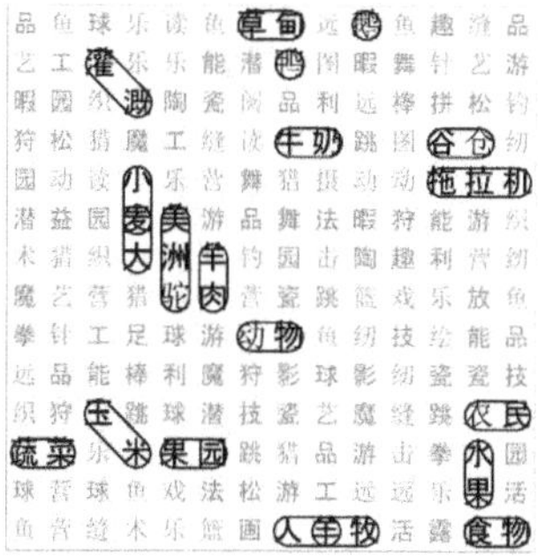

76 - Vacances #2

77 - Éthique

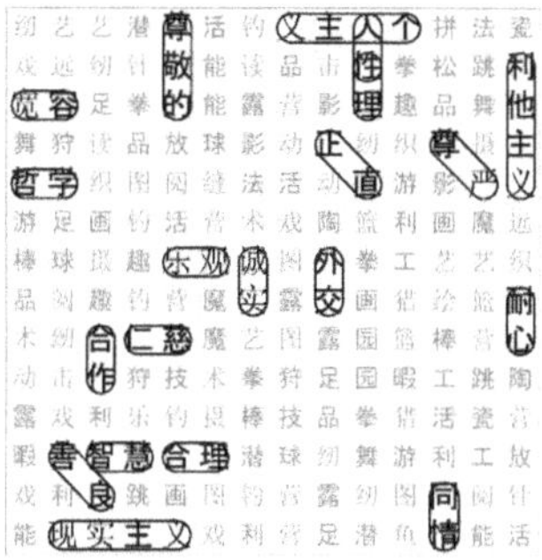

78 - Temps

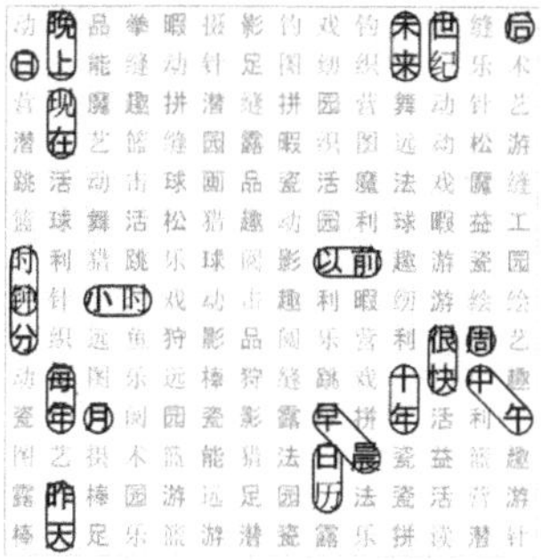

79 - Maison

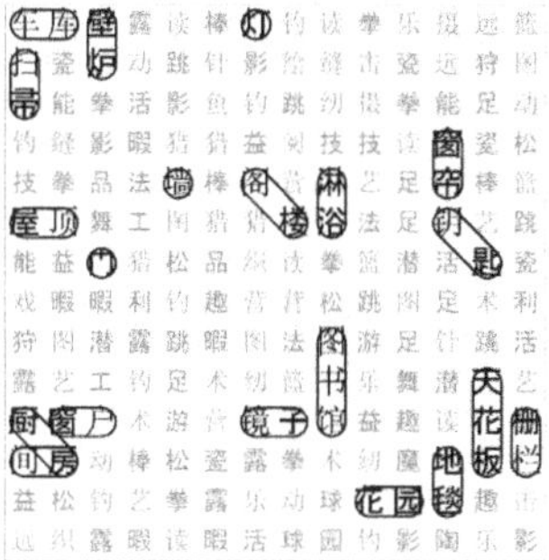

80 - Légumes

81 - Famille

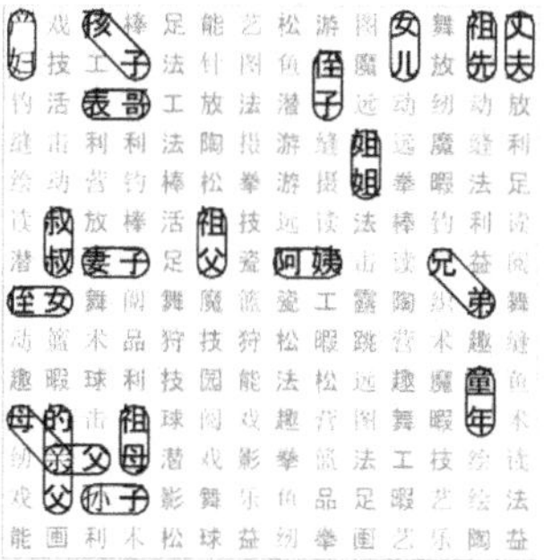

82 - Oiseaux

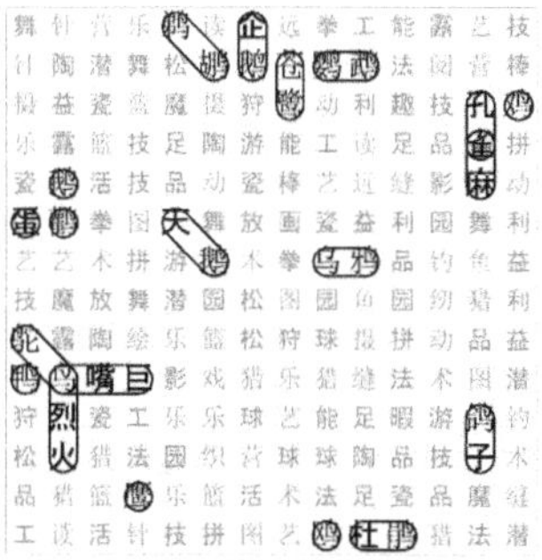

83 - Disciplines Scientifiques

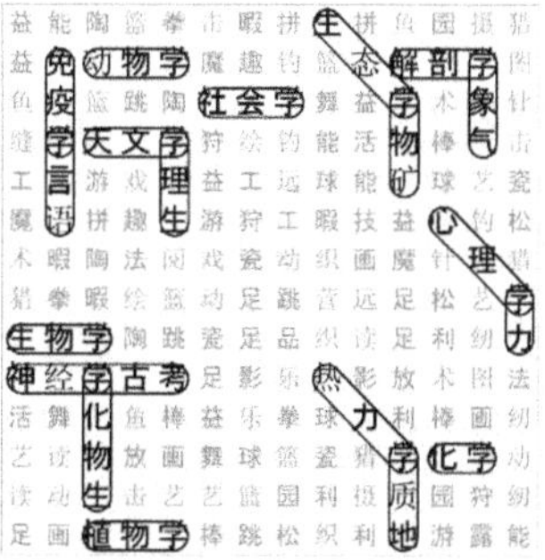

84 - Univers

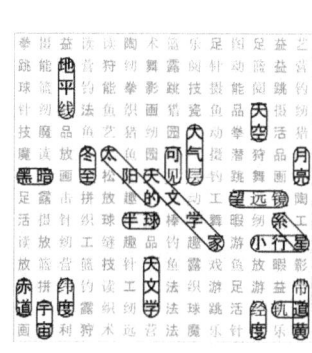

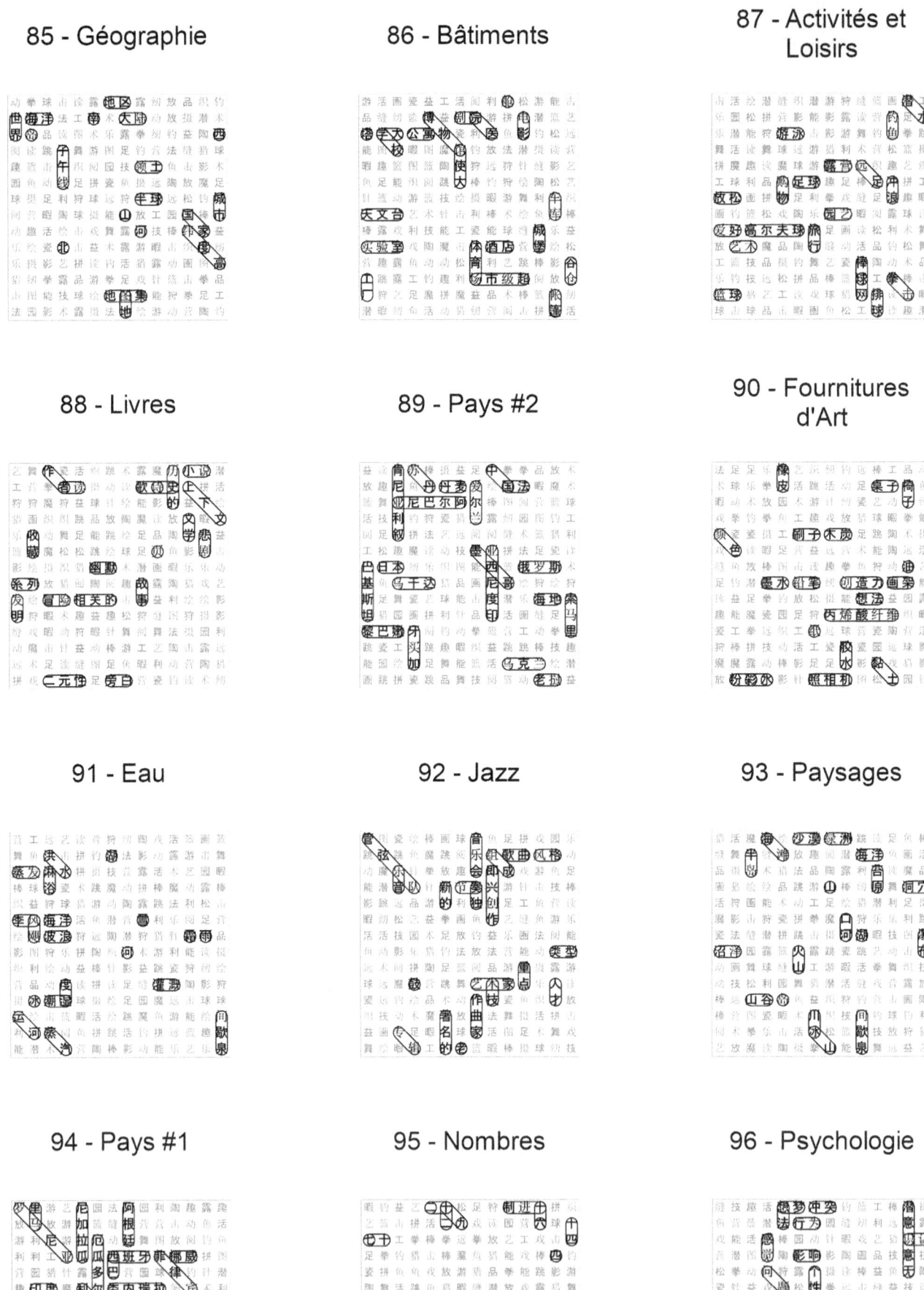

85 - Géographie

86 - Bâtiments

87 - Activités et Loisirs

88 - Livres

89 - Pays #2

90 - Fournitures d'Art

91 - Eau

92 - Jazz

93 - Paysages

94 - Pays #1

95 - Nombres

96 - Psychologie

97 - Nature

98 - Chimie

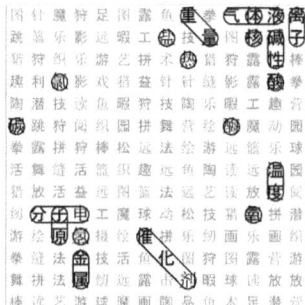

99 - Bateaux

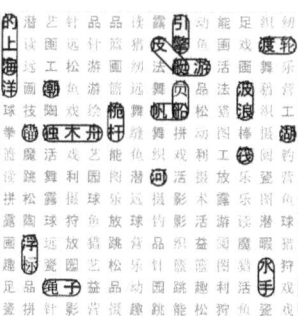

100 - Mesures

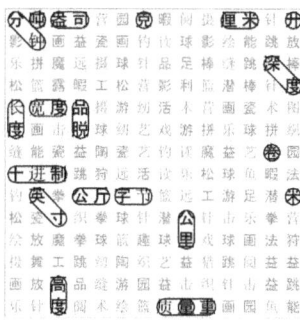

Dictionnaire

Activités
活动

Activité	活动
Art	艺术
Artisanat	工艺品
Camping	露营
Céramique	陶瓷
Chasse	狩猎
Compétence	技能
Couture	缝纫
Danse	跳舞
Intérêts	利益
Jardinage	园艺
Jeux	游戏
Lecture	阅读
Loisir	暇
Magie	魔法
Pêche	钓鱼
Photographie	摄影
Plaisir	乐趣
Randonnée	远足
Relaxation	放松

Activités et Loisirs
活动和休闲

Achats	购物
Art	艺术
Base-Ball	棒球
Basket-Ball	篮球
Boxe	拳击
Camping	露营
Football	足球
Golf	高尔夫球
Jardinage	园艺
Nager	游泳
Passe-Temps	爱好
Pêche	钓鱼
Plongée	潜水
Randonnée	远足
Relaxant	放松
Surf	冲浪
Tennis	网球
Volley-Ball	排球
Voyage	旅行

Adjectifs #1
形容词 #1

Absolu	绝对
Ambitieux	有雄心
Aromatique	芳香
Artistique	艺术的
Attractif	吸引力
Beau	美丽
Exotique	异国情调
Énorme	巨大的
Généreux	慷慨
Honnête	诚实
Identique	相同
Important	重要的
Innocent	无辜的
Jeune	年轻
Lent	慢
Lourd	重
Mince	薄
Moderne	现代
Parfait	完美
Utile	有帮助

Adjectifs #2
形容词 #2

Authentique	正宗
Célèbre	著名的
Créatif	创意
Descriptif	描述性的
Doué	天才
Dramatique	戏剧性
Élégant	优雅
Fier	骄傲
Fort	强
Intéressant	有趣
Naturel	自然
Nouveau	新的
Productif	生产力
Puissant	强大
Pur	纯
Responsable	负责
Sain	健康
Salé	咸
Sauvage	荒野
Sec	干

Algèbre
代数

Diagramme	图表
Exposant	指数
Équation	方程
Facteur	因素
Formule	公式
Fraction	分数
Infini	无限
Linéaire	线性
Matrice	矩阵
Parenthèse	括号
Problème	问题
Quantité	数量
Résoudre	解决
Simplifier	简化
Solution	解决方案
Somme	和
Soustraction	减法
Variable	变量
Zéro	零

Animaux de Compagnie
宠物

Chat	猫
Chaton	小猫
Chèvre	山羊
Chien	狗
Chiot	小狗
Collier	衣领
Eau	水
Hamster	仓鼠
Laisse	皮带
Lapin	兔子
Lézard	蜥蜴
Nourriture	食物
Pattes	爪子
Perroquet	鹦鹉
Poisson	鱼
Queue	尾巴
Souris	鼠
Tortue	乌龟
Vache	牛
Vétérinaire	兽医

Antarctique
南极洲

Baie	湾
Baleines	鲸鱼
Chercheur	研究员
Conservation	保护
Continent	大陆
Eau	水
Environnement	环境
Expédition	远征
Géographie	地理
Glace	冰
Glaciers	冰川
Îles	岛屿
Migration	移民
Minéraux	矿物
Oiseaux	鸟类
Péninsule	半岛
Rocheux	洛奇
Scientifique	科学的
Température	温度
Topographie	地形

Antiquités
古董

Art	艺术
Authentique	正宗
Bijoux	珠宝
Décennies	几十年
Décoratif	装饰性的
Enchères	拍卖
Élégant	优雅
Galerie	画廊
Inhabituel	异常
Investissement	投资
Meubles	家具
Pièces	硬币
Prix	价格
Qualité	质量
Restauration	恢复
Sculpture	雕塑
Siècle	世纪
Style	风格
Valeur	价值
Vieux	老

Archéologie
考古学

Analyse	分析
Antiquité	古代
Chercheur	研究员
Civilisation	文明
Descendant	后裔
Expert	专家
Ère	时代
Équipe	团队
Évaluation	评估
Fossile	化石
Fragments	碎片
Inconnu	未知
Mystère	神秘
Objets	对象
Os	骨头
Poterie	陶器
Professeur	教授
Relique	遗迹
Temple	寺庙
Tombe	墓

Arts Visuels
视觉艺术

Architecture	建筑
Argile	粘土
Artiste	艺术家
Charbon	木炭
Chef-D'Œuvre	杰作
Chevalet	画架
Cire	蜡
Craie	粉笔
Crayon	铅笔
Créativité	创造力
Film	电影
Peinture	绘画
Perspective	看法
Photographie	照片
Pochoir	模具
Portrait	肖像
Poterie	陶器
Sculpture	雕塑
Stylo	笔

Astronomie
天文学

Astéroïde	小行星
Astronaute	宇航员
Astronome	天文学家
Ciel	天空
Constellation	星座
Éclipse	蚀
Équinoxe	春分
Fusée	火箭
Galaxie	星系
Lune	月亮
Météore	流星
Nébuleuse	星云
Observatoire	天文台
Planète	行星
Radiation	辐射
Satellite	卫星
Solaire	太阳的
Supernova	超新星
Terre	地球
Univers	宇宙

Aventure
冒险

Activité	活动
Amis	朋友
Beauté	美
Bravoure	勇敢
Chance	机会
Dangereux	危险
Destination	目的地
Défis	挑战
Difficulté	困难
Enthousiasme	热情
Excursion	远足
Inhabituel	异常
Itinéraire	行程
Joie	喜悦
Nature	大自然
Navigation	导航
Nouveau	新的
Préparation	准备
Sécurité	安全
Voyages	旅行

Avions
飞机

Air	空气
Atmosphère	大气层
Atterrissage	降落
Aventure	冒险
Ballon	气球
Carburant	燃料
Ciel	天空
Descente	下降
Direction	方向
Équipage	船员
Gonfler	膨胀
Hauteur	高度
Hélices	螺旋桨
Histoire	历史
Hydrogène	氢
Moteur	引擎
Naviguer	导航
Passager	乘客
Pilote	飞行员
Turbulence	湍流

Ballet
芭蕾

Applaudissement	掌声
Artistique	艺术的
Chorégraphie	编舞
Compétence	技能
Compositeur	作曲家
Danseurs	舞者
Expressif	富有表现力
Geste	手势
Intensité	强度
Muscles	肌肉
Musique	音乐
Orchestre	管弦乐队
Pratique	实践
Public	观众
Rythme	节奏
Solo	独奏
Style	风格
Technique	技术

Barbecues
烧烤

Chaud	热
Couteaux	刀
Déjeuner	午餐
Dîner	晚餐
Été	夏天
Faim	饥饿
Famille	家庭
Fourchettes	叉
Fruit	水果
Gril	烧烤
Jeux	游戏
Légumes	蔬菜
Musique	音乐
Oignons	洋葱
Poivre	胡椒
Poulet	鸡
Salades	沙拉
Sauce	酱
Sel	盐
Tomates	番茄

Bateaux
船

Ancre	锚
Bouée	浮标
Canoë	独木舟
Corde	绳子
Équipage	船员
Ferry	渡轮
Fleuve	河
Kayak	皮艇
Lac	湖
Marée	潮
Marin	水手
Mât	桅杆
Mer	海
Moteur	引擎
Nautique	海上的
Océan	海洋
Radeau	筏
Vagues	波浪
Voilier	帆船
Yacht	游艇

Bâtiments
建筑物

Ambassade	大使馆
Appartement	公寓
Cabine	舱
Château	城堡
Cinéma	电影
École	学校
Garage	车库
Grange	谷仓
Hôpital	医院
Hôtel	酒店
Laboratoire	实验室
Musée	博物馆
Observatoire	天文台
Stade	体育场
Supermarché	超级市场
Tente	帐篷
Théâtre	剧院
Tour	塔
Université	大学
Usine	工厂

Beauté
美

Boucles	卷发
Charme	魅力
Ciseaux	剪刀
Cosmétique	化妆品
Couleur	颜色
Élégant	优雅
Huiles	油
Lisse	光滑
Maquillage	化妆
Mascara	睫毛膏
Miroir	镜子
Parfum	香味
Peau	皮肤
Photogénique	上镜
Produits	产品
Rouge à Lèvres	口红
Services	服务
Shampooing	洗发水
Styliste	造型师

Boxe
拳击

Adversaire	对手
Arbitre	裁判
Blessures	受伤
Cloche	钟
Coin	角落
Combattant	战斗机
Compétence	技能
Concentrer	重点
Cordes	绳索
Corps	身体
Coude	肘部
Coup	踢
Force	力量
Gants	手套
Menton	下巴
Poing	拳头
Points	点
Récupération	恢复

Camping
露营

Animaux	动物
Aventure	冒险
Boussole	罗盘
Cabine	舱
Canoë	独木舟
Carte	地图
Chapeau	帽子
Chasse	狩猎
Corde	绳子
Équipement	设备
Feu	火
Forêt	森林
Hamac	吊床
Insecte	昆虫
Lac	湖
Lanterne	灯笼
Lune	月亮
Montagne	山
Nature	大自然
Tente	帐篷

Chimie
化学

Acide	酸
Alcalin	碱性
Atomique	原子
Carbone	碳
Catalyseur	催化剂
Chaleur	热
Chlore	氯
Enzyme	酶
Électron	电子
Gaz	气体
Hydrogène	氢
Ion	离子
Liquide	液体
Métaux	金属
Molécule	分子
Nucléaire	核
Oxygène	氧
Poids	重量
Sel	盐
Température	温度

Chocolat
巧克力

Amer	苦
Antioxydant	抗氧化剂
Arôme	香气
Bonbon	糖果
Cacahuètes	花生
Cacao	可可
Calories	卡路里
Caramel	焦糖
Délicieux	美味
Doux	甜蜜的
Envie	渴望
Exotique	异国情调
Favori	最喜欢的
Goût	味道
Ingrédient	成分
Noix de Coco	椰子
Qualité	质量
Recette	食谱
Sucre	糖

Cirque
马戏团

Acrobate	杂技演员
Animaux	动物
Astuce	诡计
Ballons	气球
Billet	票
Bonbon	糖果
Clown	小丑
Costume	服装
Éléphant	大象
Jongleur	杂耍
Lion	狮子
Magicien	魔术师
Magie	魔法
Musique	音乐
Parade	游行
Singe	猴子
Spectaculaire	壮观
Spectateur	观众
Tente	帐篷
Tigre	老虎

Conduite
驾驶

Accident	事故
Camion	卡车
Carburant	燃料
Carte	地图
Danger	危险
Freins	刹车
Garage	车库
Gaz	气体
Licence	执照
Moteur	马达
Moto	摩托车
Piéton	行人
Police	警察
Route	路
Sécurité	安全
Trafic	交通
Transport	运输
Tunnel	隧道
Vitesse	速度
Voiture	汽车

Corps Humain
人体

Bouche	嘴
Cerveau	脑
Cheville	踝
Cou	脖子
Coude	肘部
Cœur	心
Doigt	手指
Estomac	胃
Épaule	肩膀
Genou	膝盖
Lèvres	嘴唇
Main	手
Mâchoire	颚
Menton	下巴
Nez	鼻子
Oreille	耳朵
Peau	皮肤
Sang	血
Tête	头
Visage	脸

Créativité
创造力

Artistique	艺术的
Authenticité	真实性
Clarté	明晰
Compétence	技能
Dramatique	戏剧性
Expression	表达
Émotions	情绪
Fluidité	流动性
Idées	想法
Image	图像
Imagination	想象力
Impression	印象
Inspiration	灵感
Intensité	强度
Intuition	直觉
Inventif	发明
Sensation	感觉
Spontané	自发的
Visions	愿景
Vitalité	活力

Diplomatie
外交

Ambassade	大使馆
Ambassadeur	大使
Citoyens	公民
Communauté	社区
Conflit	冲突
Conseiller	顾问
Coopération	合作
Diplomatique	外交
Discussion	讨论
Éthique	伦理
Étranger	外国
Gouvernement	政府
Humanitaire	人道主义
Intégrité	正直
Justice	正义
Politique	政治
Résolution	决议
Sécurité	安全
Solution	解决方案
Traité	条约

Disciplines Scientifiques
科学学科

Anatomie	解剖学
Archéologie	考古学
Astronomie	天文学
Biochimie	生物化学
Biologie	生物学
Botanique	植物学
Chimie	化学
Écologie	生态学
Géologie	地质学
Immunologie	免疫学
Linguistique	语言学
Mécanique	力学
Météorologie	气象学
Minéralogie	矿物学
Neurologie	神经学
Physiologie	生理学
Psychologie	心理学
Sociologie	社会学
Thermodynamique	热力学
Zoologie	动物学

Eau
水

Canal	运河
Douche	淋浴
Évaporation	蒸发
Fleuve	河
Gel	霜
Geyser	间歇泉
Glace	冰
Humide	潮湿
Humidité	湿度
Inondation	洪水
Irrigation	灌溉
Lac	湖
Mousson	季风
Neige	雪
Océan	海洋
Ouragan	飓风
Pluie	雨
Vagues	波浪
Vapeur	蒸汽

Entreprise
商业

Argent	钱
Boutique	商店
Budget	预算
Bureau	办公室
Carrière	职业生涯
Coût	成本
Devise	货币
Employeur	雇主
Employé	员工
Entreprise	公司
Économie	经济学
Finance	金融
Impôts	税
Investissement	投资
Marchandise	商品
Profit	利润
Revenu	收入
Transaction	交易
Usine	工厂
Vente	销售

Échecs
象棋

Adversaire	对手
Blanc	白色
Champion	冠军
Défis	挑战
Diagonal	对角线
Intelligent	聪明
Jeu	游戏
Joueur	播放器
Noir	黑色
Passif	被动
Points	点
Reine	女王
Règles	规则
Roi	王
Sacrifice	牺牲
Stratégie	战略
Temps	时间
Tournoi	比赛

Électricité
電力

Aimant	磁铁
Ampoule	灯泡
Batterie	电池
Câble	电缆
Électricien	电工
Électrique	电
Équipement	设备
Fils	电线
Générateur	发电机
Lampe	灯
Laser	激光
Négatif	否
Objets	对象
Positif	积极的
Prise	插座
Quantité	数量
Réseau	网络
Téléphone	电话
Télévision	电视

Énergie
能源

Batterie	电池
Carbone	碳
Carburant	燃料
Chaleur	热
Diesel	柴油
Entropie	熵
Environnement	环境
Essence	汽油
Électrique	电
Électron	电子
Hydrogène	氢
Industrie	工业
Moteur	马达
Nucléaire	核
Photon	光子
Pollution	污染
Renouvelable	再生
Soleil	太阳
Turbine	涡轮
Vent	风

Épices
香料

Aigre	酸的
Ail	大蒜
Amer	苦
Cannelle	肉桂
Cardamome	豆蔻
Coriandre	香菜
Cumin	孜然
Curry	咖喱
Fenouil	茴香
Fenugrec	胡芦巴
Gingembre	姜
Muscade	肉豆蔻
Oignon	洋葱
Paprika	辣椒粉
Poivre	胡椒
Réglisse	甘草
Safran	藏红花
Saveur	味道
Sel	盐
Vanille	香草

Éthique
伦理

Altruisme	利他主义
Bienveillant	仁慈
Compassion	同情
Coopération	合作
Dignité	尊严
Diplomatique	外交
Gentillesse	善良
Honnêteté	诚实
Humanité	人性
Individualisme	个人主义
Intégrité	正直
Optimisme	乐观
Patience	耐心
Philosophie	哲学
Raisonnable	合理
Rationalité	理性
Respectueux	尊敬的
Réalisme	现实主义
Sagesse	智慧
Tolérance	宽容

Famille
家庭

Ancêtre	祖先
Cousin	表哥
Enfance	童年
Enfant	孩子
Femme	妻子
Fille	女儿
Frère	兄弟
Grand-Mère	祖母
Grand-Père	祖父
Mari	丈夫
Maternel	产妇
Mère	母亲
Neveu	侄子
Nièce	侄女
Oncle	叔叔
Paternel	父亲的
Petit-Fils	孙子
Père	父亲
Soeur	姐姐
Tante	阿姨

Ferme #1
农场 #1

Abeille	蜜蜂
Agriculture	农业
Âne	驴
Bison	野牛
Champ	领域
Chat	猫
Cheval	马
Chèvre	山羊
Chien	狗
Clôture	栅栏
Corbeau	乌鸦
Eau	水
Engrais	肥料
Foin	干草
Miel	蜂蜜
Poulet	鸡
Riz	米
Troupeau	羊群
Vache	牛
Veau	小腿

Ferme #2
农场 #2

Agneau	羊肉
Agriculteur	农民
Animaux	动物
Berger	牧羊人
Blé	小麦
Canard	鸭
Fruit	水果
Grange	谷仓
Irrigation	灌溉
Lait	牛奶
Lama	美洲驼
Légume	蔬菜
Maïs	玉米
Mouton	羊
Nourriture	食物
Oies	鹅
Orge	大麦
Pré	草甸
Tracteur	拖拉机
Verger	果园

Fleurs
鲜花

Bouquet	花束
Gardénia	栀子花
Hibiscus	芙蓉
Jasmin	茉莉花
Jonquille	水仙花
Lavande	薰衣草
Lys	百合
Magnolia	玉兰
Marguerite	雏菊
Orchidée	兰花
Passiflore	西番莲
Pavot	罂粟
Pétale	花瓣
Pissenlit	蒲公英
Pivoine	牡丹
Rose	玫瑰
Tournesol	向日葵
Trèfle	三叶草
Tulipe	郁金香

Force et Gravité
力和重力

Axe	轴
Centre	中央
Découverte	发现
Distance	距离
Dynamique	动态
Expansion	扩张
Élan	动量
Friction	摩擦
Impact	影响
Magnétisme	磁性
Mécanique	力学
Mouvement	运动
Orbite	轨道
Physique	物理
Planètes	行星
Poids	重量
Pression	压力
Temps	时间
Universel	普遍的
Vitesse	速度

Forêt Tropicale
雨林

Amphibiens	两栖动物
Botanique	植物
Climat	气候
Communauté	社区
Diversité	多样性
Espèce	物种
Insectes	昆虫
Jungle	丛林
Mammifères	哺乳动物
Mousse	苔藓
Nature	大自然
Nuage	云
Oiseaux	鸟类
Précieux	有价值的
Préservation	保存
Refuge	避难所
Respect	尊重
Restauration	恢复
Survie	生存

Formes
形状

Arc	弧
Bords	边缘
Carré	广场
Cercle	圈
Coin	角落
Courbe	曲线
Cône	锥体
Côté	边
Cube	立方体
Cylindre	圆筒
Ellipse	椭圆
Hyperbole	双曲线
Ligne	线
Ovale	椭圆形
Polygone	多边形
Prisme	棱镜
Pyramide	金字塔
Rectangle	矩形
Triangle	三角形

Fournitures d'Art
美术用品

Acrylique	丙烯酸纤维
Aquarelles	水彩
Argile	黏土
Brosses	刷子
Caméra	照相机
Chaise	椅子
Charbon	木炭
Chevalet	画架
Colle	胶水
Couleurs	颜色
Crayons	铅笔
Créativité	创造力
Eau	水
Encre	墨水
Gomme	橡皮
Huile	油
Idées	想法
Papier	纸
Pastels	粉彩
Table	桌子

Fruit
水果

Abricot	杏
Ananas	菠萝
Avocat	鳄梨
Baie	浆果
Banane	香蕉
Cerise	樱桃
Citron	柠檬
Figue	无花果
Framboise	覆盆子
Goyave	番石榴
Kiwi	猕猴桃
Mangue	芒果
Melon	瓜
Nectarine	油桃
Orange	橙色
Papaye	木瓜
Pêche	桃
Poire	梨
Pomme	苹果
Raisin	葡萄

Géographie
地理

Altitude	高度
Atlas	地图集
Carte	地图
Continent	大陆
Fleuve	河
Hémisphère	半球
Île	岛
Latitude	纬度
Mer	海
Méridien	子午线
Monde	世界
Montagne	山
Nord	北
Océan	海洋
Ouest	西
Pays	国家
Région	地区
Sud	南
Territoire	领土
Ville	城市

Géologie
地质学

Acide	酸
Calcium	钙
Caverne	洞穴
Continent	大陆
Corail	珊瑚
Couche	层
Cristaux	水晶
Érosion	侵蚀
Fossile	化石
Geyser	间歇泉
Lave	熔岩
Minéraux	矿物
Pierre	石头
Plateau	高原
Quartz	石英
Sel	盐
Stalactite	钟乳石
Stalagmites	石笋
Volcan	火山
Zone	区

Géométrie
几何

Angle	角度
Calcul	计算
Cercle	圈
Courbe	曲线
Diamètre	直径
Dimension	尺寸
Équation	方程
Hauteur	高度
Logique	逻辑
Masse	质量
Médian	中位数
Parallèle	平行
Perpendiculaire	垂直
Probabilité	概率
Proportion	比例
Segment	段
Surface	表面
Symétrie	对称
Théorie	理论
Triangle	三角形

Gouvernement
政府

Citoyenneté	公民身份
Civil	民事
Constitution	宪法
Démocratie	民主
Discours	演讲
Discussion	讨论
District	区
Droits	权利
Égalité	平等
État	状态
Indépendance	独立
Judiciaire	司法
Justice	正义
Liberté	自由
Loi	法律
Monument	纪念碑
Nation	国家
Paisible	和平
Politique	政治
Symbole	象征

Herboristerie
草药学

Ail	大蒜
Aromatique	芳香
Basilic	罗勒
Bénéfique	有益的
Culinaire	烹饪
Estragon	龙蒿
Fenouil	茴香
Fleur	花
Ingrédient	成分
Jardin	花园
Lavande	薰衣草
Marjolaine	马郁兰
Menthe	薄荷
Persil	香菜
Qualité	质量
Romarin	迷迭香
Safran	藏红花
Saveur	味道
Thym	百里香
Vert	绿色

Ingénierie
工程

Angle	角度
Axe	轴
Calcul	计算
Diagramme	图表
Diamètre	直径
Diesel	柴油
Distribution	分配
Engrenages	齿轮
Énergie	能源
Force	力量
Leviers	杠杆
Liquide	液体
Machine	机器
Mesure	测量
Moteur	马达
Mouvement	运动
Profondeur	深度
Propulsion	推进
Stabilité	稳定性
Structure	结构

Instruments de Musique
乐器

Banjo	班卓琴
Basson	巴松管
Clarinette	单簧管
Flûte	长笛
Gong	锣
Guitare	吉他
Harmonica	口琴
Harpe	竖琴
Hautbois	双簧管
Mandoline	曼陀林
Marimba	马林巴
Percussion	打击乐器
Piano	钢琴
Saxophone	萨克斯管
Tambour	鼓
Tambourin	铃鼓
Trombone	长号
Trompette	喇叭
Violon	小提琴
Violoncelle	大提琴

Jardin
花园

Arbre	树
Buisson	灌木
Clôture	栅栏
Étang	池塘
Fleur	花
Garage	车库
Hamac	吊床
Herbe	草
Jardin	花园
Mauvaises Herbes	杂草
Pelle	铲
Pelouse	草坪
Porche	门廊
Râteau	耙
Roches	岩石
Sol	土壤
Terrasse	平台
Trampoline	蹦床
Tuyau	软管
Verger	果园

Jardinage
园艺

Botanique	植物
Bouquet	花束
Climat	气候
Comestible	食用
Compost	堆肥
Eau	水
Espèce	物种
Exotique	异国情调
Feuillage	树叶
Feuille	叶
Fleur	开花
Floral	花的
Graines	种子
Humidité	水分
Récipient	容器
Saisonnier	季节性
Saleté	污垢
Sol	土壤
Tuyau	软管
Verger	果园

Jazz
爵士乐

Accent	重点
Album	专辑
Artiste	艺术家
Célèbre	著名的
Chanson	歌曲
Compositeur	作曲家
Composition	组成
Concert	音乐会
Genre	类型
Improvisation	即兴创作
Musique	音乐
Nouveau	新的
Orchestre	管弦乐队
Rythme	节奏
Solo	独奏
Style	风格
Talent	人才
Tambours	鼓
Technique	技术
Vieux	老

Jours et Mois
天和月

Août	八月
Avril	四月
Calendrier	日历
Dimanche	星期日
Février	二月
Janvier	一月
Jeudi	星期四
Juillet	七月
Juin	六月
Lundi	星期一
Mardi	星期二
Mars	三月
Mercredi	星期三
Mois	月
Novembre	十一月
Octobre	十月
Samedi	星期六
Semaine	周
Septembre	九月
Vendredi	星期五

L'Entreprise
该公司

Affaires	商业
Créatif	创意
Décision	决定
Emploi	就业
Industrie	工业
Innovant	创新的
Investissement	投资
Possibilité	可能性
Présentation	介绍
Produit	产品
Professionnel	专业的
Progrès	进展
Qualité	质量
Ressources	资源
Revenu	收入
Réputation	声誉
Risques	风险
Salaire	工资
Tendances	趋势
Unités	单位

Les Abeilles
蜜蜂

Ailes	翅膀
Bénéfique	有益的
Cire	蜡
Diversité	多样性
Essaim	群
Écosystème	生态系统
Fleur	开花
Fleurs	花
Fruit	水果
Fumée	烟
Habitat	生境
Insecte	昆虫
Jardin	花园
Miel	蜂蜜
Nourriture	食物
Plantes	植物
Pollen	花粉
Reine	女王
Ruche	蜂巢
Soleil	太阳

Les Médias
媒体

Attitudes	态度
Communication	沟通
En Ligne	网上
Édition	版
Éducation	教育
Faits	事实
Financement	资金
Images	图像
Individuel	个人
Industrie	工业
Intellectuel	知识分子
Journaux	报纸
Local	本地
Magazines	杂志
Numérique	数字
Opinion	意见
Photos	照片
Radio	收音机
Réseau	网络
Télévision	电视

Légumes
蔬菜

Ail	大蒜
Artichaut	朝鲜蓟
Aubergine	茄子
Brocoli	西兰花
Carotte	胡萝卜
Céleri	芹菜
Champignon	蘑菇
Citrouille	南瓜
Concombre	黄瓜
Échalote	葱
Épinard	菠菜
Gingembre	姜
Navet	芜菁
Oignon	洋葱
Olive	橄榄
Persil	香菜
Pois	豌豆
Radis	萝卜
Salade	沙拉
Tomate	番茄

Littérature
文学

Analogie	类比
Analyse	分析
Anecdote	轶事
Auteur	作者
Biographie	传记
Comparaison	比较
Conclusion	结论
Description	描述
Dialogue	对话
Fiction	小说
Métaphore	隐喻
Narrateur	旁白
Opinion	意见
Poème	诗
Poétique	诗意
Rime	韵
Rythme	节奏
Style	风格
Thème	主题
Tragédie	悲剧

Livres
书籍

Auteur	作者
Aventure	冒险
Collection	收藏
Contexte	上下文
Dualité	二元性
Épique	史诗
Histoire	故事
Historique	历史的
Humoristique	幽默
Inventif	发明
Lecteur	读者
Littéraire	文学
Narrateur	旁白
Page	页
Pertinent	相关的
Poème	诗
Poésie	诗歌
Roman	小说
Série	系列
Tragique	悲剧

Maison
房子

Balai	扫帚
Bibliothèque	图书馆
Chambre	房间
Cheminée	壁炉
Clés	钥匙
Clôture	栅栏
Cuisine	厨房
Douche	淋浴
Fenêtre	窗户
Garage	车库
Grenier	阁楼
Jardin	花园
Lampe	灯
Miroir	镜子
Mur	墙
Plafond	天花板
Porte	门
Rideaux	窗帘
Tapis	地毯
Toit	屋顶

Mammifères
哺乳动物

Baleine	鲸
Chat	猫
Cheval	马
Chien	狗
Coyote	郊狼
Dauphin	海豚
Éléphant	大象
Girafe	长颈鹿
Gorille	大猩猩
Kangourou	袋鼠
Lapin	兔子
Lion	狮子
Loup	狼
Mouton	羊
Ours	熊
Renard	狐狸
Singe	猴子
Taureau	公牛
Tigre	老虎
Zèbre	斑马

Mathématiques
数学

Angles	角度
Arithmétique	算术
Carré	广场
Circonférence	周长
Décimal	十进制
Diamètre	直径
Exposant	指数
Équation	方程
Fraction	分数
Géométrie	几何学
Parallèle	平行
Parallélogramme	平行四边形
Perpendiculaire	垂直
Polygone	多边形
Rayon	半径
Rectangle	矩形
Somme	和
Symétrie	对称
Triangle	三角形
Volume	卷

Mesures
测量

Centimètre	厘米
Décimal	十进制
Gramme	克
Hauteur	高度
Kilogramme	公斤
Kilomètre	公里
Largeur	宽度
Litre	升
Longueur	长度
Masse	质量
Mètre	米
Minute	分钟
Octet	字节
Once	盎司
Pinte	品脱
Poids	重量
Pouce	英寸
Profondeur	深度
Tonne	吨
Volume	卷

Méditation
冥想

Acceptation	接受
Bonheur	幸福
Calme	平静
Clarté	明晰
Compassion	同情
Émotions	情绪
Éveillé	醒
Gentillesse	善良
Gratitude	感激
Habitudes	习惯
Mental	心理
Mouvement	运动
Musique	音乐
Nature	大自然
Observation	观察
Paix	和平
Perspective	透视
Posture	姿势
Respiration	呼吸
Silence	沉默

Météo
天气

Arc-En-Ciel	彩虹
Atmosphère	大气
Brise	微风
Brouillard	雾
Ciel	天空
Climat	气候
Glace	冰
Inondation	洪水
Mousson	季风
Nuage	云
Ouragan	飓风
Polaire	极地
Sec	干燥
Sécheresse	干旱
Température	温度
Tempête	风暴
Tonnerre	雷声
Tornade	龙卷风
Tropical	热带
Vent	风

Musique
音乐

Album	专辑
Ballade	民谣
Chanter	唱
Chanteur	歌手
Classique	古典
Enregistrement	录音
Harmonie	和谐
Harmonique	谐波
Improviser	凑合
Instrument	仪器
Lyrique	抒情
Mélodie	旋律
Microphone	麦克风
Musical	音乐剧
Musicien	音乐家
Opéra	歌剧
Poétique	诗意
Rythme	节奏
Tempo	速度
Vocal	声乐

Mythologie
神话

Archétype	原型
Catastrophe	灾难
Comportement	行为
Création	创造
Créature	生物
Croyances	信仰
Culture	文化
Éclair	闪电
Force	力量
Guerrier	战士
Héros	英雄
Immortalité	不朽
Jalousie	嫉妒
Labyrinthe	迷宫
Légende	传说
Magique	神奇
Monstre	怪物
Mortel	凡人
Tonnerre	雷
Vengeance	复仇

Nature
大自然

Abeilles	蜜蜂
Abri	庇护所
Animaux	动物
Arctique	北极
Beauté	美
Brouillard	雾
Désert	沙漠
Dynamique	动态
Érosion	侵蚀
Feuillage	树叶
Fleuve	河
Forêt	森林
Glacier	冰川
Nuage	云
Paisible	和平
Sanctuaire	避难所
Sauvage	荒野
Serein	宁静
Tropical	热带
Vital	重要的

Nombres
数字

Cinq	五
Deux	二
Décimal	十进制
Dix	十
Dix-Huit	十八
Dix-Neuf	十九
Dix-Sept	十七
Douze	十二
Huit	八
Neuf	九
Quatorze	十四
Quatre	四
Quinze	十五
Seize	十六
Sept	七
Six	六
Treize	十三
Trois	三
Vingt	二十
Zéro	零

Nourriture #1
食物 #1

Ail	大蒜
Basilic	罗勒
Café	咖啡
Cannelle	肉桂
Carotte	胡萝卜
Citron	柠檬
Épinard	菠菜
Fraise	草莓
Jus	果汁
Lait	牛奶
Navet	芜菁
Oignon	洋葱
Orge	大麦
Poire	梨
Salade	沙拉
Sel	盐
Soupe	汤
Sucre	糖
Thon	金枪鱼
Viande	肉

Nourriture #2
食物 #2

Amande	杏仁
Aubergine	茄子
Banane	香蕉
Blé	小麦
Brocoli	西兰花
Cerise	樱桃
Céleri	芹菜
Champignon	蘑菇
Chocolat	巧克力
Jambon	火腿
Kiwi	猕猴桃
Mangue	芒果
Oeuf	蛋
Pain	面包
Poisson	鱼
Pomme	苹果
Poulet	鸡
Raisin	葡萄
Riz	米
Tomate	番茄

Nutrition
营养

Amer	苦
Appétit	食欲
Calories	卡路里
Comestible	食用
Diète	饮食
Digestion	消化
Épices	香料
Équilibré	平衡的
Fermentation	发酵
Glucides	碳水化合物
Liquides	液体
Nutritif	养分
Poids	重量
Protéines	蛋白质
Qualité	质量
Santé	健康
Sauce	酱
Saveur	味道
Toxine	毒素
Vitamine	维生素

Océan
海洋

Algue	海藻
Anguille	鳗鱼
Baleine	鲸
Bateau	船
Corail	珊瑚
Crabe	螃蟹
Crevette	虾
Dauphin	海豚
Éponge	海绵
Huître	牡蛎
Méduse	海蜇
Poisson	鱼
Poulpe	章鱼
Requin	鲨鱼
Récif	礁
Sel	盐
Tempête	风暴
Thon	金枪鱼
Tortue	乌龟
Vagues	波浪

Oiseaux
鸟类

Aigle	鹰
Autruche	鸵鸟
Canard	鸭
Cigogne	鹳
Colombe	鸽子
Corbeau	乌鸦
Coucou	杜鹃
Cygne	天鹅
Flamant	火烈鸟
Héron	苍鹭
Manchot	企鹅
Moineau	麻雀
Mouette	鸥
Oeuf	蛋
Oie	鹅
Paon	孔雀
Perroquet	鹦鹉
Pélican	鹈鹕
Poulet	鸡
Toucan	巨嘴鸟

Pays #1
国家 #1

Afghanistan	阿富汗
Allemagne	德国
Argentine	阿根廷
Brésil	巴西
Canada	加拿大
Espagne	西班牙
Équateur	厄瓜多尔
Finlande	芬兰
Inde	印度
Israël	以色列
Libye	利比亚
Mali	马里
Maroc	摩洛哥
Nicaragua	尼加拉瓜
Norvège	挪威
Panama	巴拿马
Philippines	菲律宾
Pologne	波兰
Roumanie	罗马尼亚
Venezuela	委内瑞拉

Pays #2
国家 #2

Albanie	阿尔巴尼亚
Chine	中国
Danemark	丹麦
France	法国
Haïti	海地
Indonésie	印度尼西亚
Irlande	爱尔兰
Jamaïque	牙买加
Japon	日本
Kenya	肯尼亚
Laos	老挝
Liban	黎巴嫩
Mexique	墨西哥
Ouganda	乌干达
Pakistan	巴基斯坦
Russie	俄罗斯
Somalie	索马里
Soudan	苏丹
Syrie	叙利亚
Ukraine	乌克兰

Paysages
景观

Cascade	瀑布
Désert	沙漠
Estuaire	河口
Fleuve	河
Geyser	间歇泉
Glacier	冰川
Grotte	洞穴
Iceberg	冰山
Île	岛
Lac	湖
Marais	沼泽
Mer	海
Montagne	山
Oasis	绿洲
Océan	海洋
Péninsule	半岛
Plage	海滩
Toundra	苔原
Vallée	山谷
Volcan	火山

Photographie
摄影

Adoucir	软化
Cadre	框架
Caméra	照相机
Composition	组成
Contraste	对比
Couleur	颜色
Définition	定义
Exposition	展览
Éclairage	灯光
Format	格式
Noir	黑色
Objet	对象
Obscurité	黑暗
Ombre	阴影
Perspective	透视
Portrait	肖像
Sujet	主题
Texture	质地
Visuel	视觉的

Physique
物理学

Accélération	加速度
Atome	原子
Chaos	混乱
Chimique	化学的
Densité	密度
Électron	电子
Formule	公式
Fréquence	频率
Gaz	气体
Gravité	重力
Magnétisme	磁性
Masse	质量
Mécanique	力学
Molécule	分子
Moteur	引擎
Nucléaire	核
Particule	粒子
Relativité	相对论
Universel	普遍的
Vitesse	速度

Plantes
植物

Arbre	树
Baie	浆果
Bambou	竹子
Botanique	植物学
Buisson	灌木
Cactus	仙人掌
Engrais	肥料
Feuillage	树叶
Fleur	花
Flore	植物
Forêt	森林
Haricot	豆
Herbe	草
Jardin	花园
Lierre	常春藤
Mousse	苔藓
Pétale	花瓣
Racine	根
Tige	茎
Végétation	植被

Professions #1
职业 #1

Ambassadeur	大使
Astronome	天文学家
Avocat	律师
Banquier	银行家
Bijoutier	珠宝商
Cartographe	制图师
Chasseur	猎人
Danseur	舞蹈家
Entraîneur	教练
Éditeur	编辑
Géologue	地质学家
Infirmière	护士
Médecin	医生
Musicien	音乐家
Pianiste	钢琴家
Plombier	水管工
Pompier	消防队员
Psychologue	心理学家
Scientifique	科学家
Vétérinaire	兽医

Professions #2
职业 #2

Astronaute	宇航员
Bibliothécaire	图书管理员
Biologiste	生物学家
Chercheur	研究员
Chirurgien	外科医生
Dentiste	牙医
Détective	侦探
Enseignant	老师
Illustrateur	插画家
Ingénieur	工程师
Inventeur	发明者
Jardinier	园丁
Journaliste	记者
Linguiste	语言学家
Médecin	医生
Peintre	画家
Philosophe	哲学家
Photographe	摄影师
Pilote	飞行员
Zoologiste	动物学家

Psychologie
心理学

Clinique	临床
Cognition	认识
Comportement	行为
Conflit	冲突
Ego	自我
Enfance	童年
Expériences	经验
Émotions	情绪
Évaluation	评估
Idées	想法
Inconscient	无意识
Influences	影响
Perception	感知
Personnalité	个性
Problème	问题
Réalité	现实
Rêves	梦想
Sensation	感觉
Subconscient	潜意识
Thérapie	治疗

Randonnée
徒步

Animaux	动物
Bottes	靴子
Camping	露营
Carte	地图
Climat	气候
Eau	水
Falaise	悬崖
Fatigué	累
Guides	指南
Lourd	重
Météo	天气
Montagne	山
Nature	大自然
Orientation	方向
Parcs	公园
Pierres	石头
Préparation	准备
Sauvage	荒野
Soleil	太阳
Sommet	峰会

Restaurant #2
餐厅 #2

Boisson	饮料
Chaise	椅子
Cuillère	勺子
Déjeuner	午餐
Délicieux	美味
Dîner	晚餐
Eau	水
Épices	香料
Fourchette	叉子
Fruit	水果
Gâteau	蛋糕
Glace	冰
Légumes	蔬菜
Nouilles	面条
Oeuf	蛋
Poisson	鱼
Salade	沙拉
Sel	盐
Serveur	服务员
Soupe	汤

Santé et Bien-Être #1
健康和保健 #1

Bactéries	细菌
Clinique	诊所
Faim	饥饿
Fracture	断裂
Habitude	习惯
Hauteur	高度
Hormone	激素
Médecin	医生
Médical	医疗
Médicament	药
Muscles	肌肉
Os	骨头
Peau	皮肤
Pharmacie	药店
Posture	姿势
Relaxation	放松
Réflexe	反射
Suppléments	补充剂
Traitement	治疗
Virus	病毒

Santé et Bien-Être #2
健康和保健 #2

Allergie	过敏
Anatomie	解剖学
Appétit	食欲
Calorie	卡路里
Corps	身体
Déshydratation	脱水
Énergie	能源
Génétique	遗传学
Hôpital	医院
Hygiène	卫生
Infection	感染
Maladie	疾病
Massage	按摩
Nutrition	营养
Poids	重量
Récupération	恢复
Sain	健康
Sang	血
Stress	压力
Vitamine	维生素

Science
科学

Atome	原子
Chimique	化学的
Climat	气候
Données	数据
Expérience	实验
Évolution	进化
Fait	事实
Fossile	化石
Gravité	重力
Hypothèse	假设
Laboratoire	实验室
Méthode	方法
Minéraux	矿物
Molécules	分子
Nature	大自然
Observation	观察
Organisme	生物
Particules	粒子
Physique	物理
Scientifique	科学家

Science-Fiction
科幻小说

Atomique	原子
Cinéma	电影
Clones	克隆
Dystopie	反乌托邦
Explosion	爆炸
Extrême	极端
Feu	火
Futuriste	未来派
Galaxie	星系
Illusion	错觉
Imaginaire	虚构的
Livres	书籍
Monde	世界
Mystérieux	神秘
Oracle	甲骨文
Planète	行星
Robots	机器人
Scénario	场景
Technologie	技术
Utopie	乌托邦

Sport
运动

Athlète	运动员
Capacité	能力
Cardiovasculaire	心血管
Corps	身体
Cyclisme	循环
Danse	跳舞
Diète	饮食
Endurance	耐力
Entraîneur	教练
Force	力量
Jogging	跑步
Maximiser	最大化
Métabolique	代谢
Muscles	肌肉
Nutrition	营养
Objectif	目标
Os	骨头
Programme	程序
Santé	健康
Sports	体育

Technologie
技术

Blog	博客
Caméra	照相机
Curseur	光标
Données	数据
Écran	屏幕
Fichier	文件
Internet	互联网
Logiciel	软件
Message	信息
Navigateur	浏览器
Numérique	数字
Octets	字节
Ordinateur	电脑
Police	字体
Recherche	研究
Sécurité	安全
Statistiques	统计数据
Virtuel	虚拟
Virus	病毒

Temps
時間

Année	年
Annuel	每年
Après	后
Avant	以前
Bientôt	很快
Calendrier	日历
Décennie	十年
Futur	未来
Heure	小时
Hier	昨天
Horloge	时钟
Jour	日
Maintenant	现在
Matin	早晨
Midi	中午
Minute	分钟
Mois	月
Nuit	晚上
Semaine	周
Siècle	世纪

Types de Cheveux
头发类型

Argent	银
Blanc	白色
Blond	金发
Boucles	卷发
Brillant	闪亮的
Chauve	秃
Court	短
Doux	柔软的
Épais	厚
Frisé	卷曲
Gris	灰色
Lisse	光滑
Long	长
Marron	棕色
Mince	薄
Noir	黑色
Sain	健康
Sec	干
Tresses	辫子
Tressé	编织

Univers
宇宙

Astéroïde	小行星
Astronome	天文学家
Astronomie	天文学
Atmosphère	大气层
Ciel	天空
Cosmique	宇宙
Équateur	赤道
Galaxie	星系
Hémisphère	半球
Horizon	地平线
Latitude	纬度
Longitude	经度
Lune	月亮
Obscurité	黑暗
Orbite	轨道
Solaire	太阳的
Solstice	冬至
Télescope	望远镜
Visible	可见
Zodiaque	黄道带

Vacances #2
假期 #2

Aéroport	机场
Camping	露营
Carte	地图
Destination	目的地
Étranger	外国人
Hôtel	酒店
Île	岛
Loisir	暇
Mer	海
Passeport	护照
Photos	照片
Plage	海滩
Restaurant	餐厅
Taxi	出租车
Tente	帐篷
Train	火车
Transport	运输
Vacances	假期
Visa	签证
Voyage	旅程

Véhicules
车辆

Ambulance	救护车
Avion	飞机
Bateau	船
Bus	总线
Camion	卡车
Caravane	大篷车
Ferry	渡轮
Fusée	火箭
Hélicoptère	直升机
Métro	地铁
Moteur	马达
Pneus	轮胎
Radeau	筏
Scooter	滑板车
Sous-Marin	潜艇
Taxi	出租车
Tracteur	拖拉机
Train	火车
Vélo	自行车
Voiture	汽车

Vêtements
衣服

Bijoux	珠宝
Bracelet	手镯
Ceinture	带
Chapeau	帽子
Chaussure	鞋
Chemise	衬衫
Collier	项链
Foulard	围巾
Gants	手套
Jeans	牛仔裤
Jupe	短裙
Manteau	外套
Mode	时尚
Pantalon	裤子
Pull	毛衣
Pyjama	睡衣
Robe	连衣裙
Sandales	凉鞋
Tablier	围裙
Veste	夹克

Ville
小镇

Aéroport	机场
Banque	银行
Bibliothèque	图书馆
Boulangerie	面包店
Cinéma	电影
Clinique	诊所
École	学校
Fleuriste	花店
Galerie	画廊
Hôtel	酒店
Librairie	书店
Marché	市场
Musée	博物馆
Pharmacie	药店
Restaurant	餐厅
Stade	体育场
Supermarché	超级市场
Théâtre	剧院
Université	大学
Zoo	动物园

Félicitations

Vous avez réussi !

Nous espérons que vous avez apprécié ce livre autant que nous avons pris plaisir à le concevoir. Nous faisons de notre mieux pour créer des livres de la meilleure qualité possible.
Cette édition est conçue pour permettre un apprentissage intelligent et de qualité en se divertissant !

Vous avez aimé ce livre ?

Une Simple Demande

Nos livres existent grâce aux avis que vous publiez. Pourriez-vous nous aider en laissant un avis maintenant ?

Voici un lien rapide qui vous mènera à votre page d'évaluation de vos commandes :

BestBooksActivity.com/Avis50

CHALLENGE FINAL !

Défi n°1

Êtes-vous prêt pour votre jeu bonus ? Nous les utilisons tout le temps mais ils ne sont pas si faciles à trouver. Voici les **Synonymes** !

Notez 5 mots que vous avez trouvés dans les puzzles notés ci-dessous (n°21, n°36, n°76) et essayez de trouver 2 synonymes pour chaque mot.

Notez 5 Mots du **Puzzle 21**

Mots	Synonyme 1	Synonyme 2

Notez 5 Mots du **Puzzle 36**

Mots	Synonyme 1	Synonyme 2

Notez 5 Mots du **Puzzle 76**

Mots	Synonyme 1	Synonyme 2

Défi n°2

Maintenant que vous vous êtes échauffé, notez 5 mots que vous avez découverts dans les Puzzles n° 9, n° 17, n° 25 et essayez de trouver 2 antonymes pour chaque mot. Combien pouvez-vous en trouver en 20 minutes ?

Notez 5 Mots du **Puzzle 9**

Mots	Antonyme 1	Antonyme 2

Notez 5 Mots du **Puzzle 17**

Mots	Antonyme 1	Antonyme 2

Notez 5 Mots du **Puzzle 25**

Mots	Antonyme 1	Antonyme 2

Défi n°3

Formidable ! Ce défi final n'est rien pour vous.

Prêt pour le dernier défi ? Choisissez 10 mots que vous avez découverts parmi les différents puzzles et notez-les ci-dessous.

1.	6.
2.	7.
3.	8.
4.	9.
5.	10.

Maintenant, composez un texte en pensant à une personne, un animal ou un lieu que vous aimez !

Astuce: Vous pouvez utiliser la dernière page de ce livre comme brouillon !

Votre Composition :

CARNET DE NOTES :

À TRÈS BIENTÔT !

Toute l'équipe

DECOUVREZ DES JEUX GRATUITS

GO

↓

BESTACTIVITYBOOKS.COM/FREEGAMES